# 桂林名镇名村

桂林市文物保护与考古研究中心／编撰
周有光／主编

GUANGXI NORMAL UNIVERSITY PRESS
广西师范大学出版社
·桂林·

桂林名镇名村
GUILIN MINGZHEN MINGCUN

出版统筹：廖佳平
责任编辑：刘　玲
书籍设计：邓小童
　　　　　阳玳玮
　　　　　俸萍利
责任技编：王增元

图书在版编目（CIP）数据

桂林名镇名村 / 桂林市文物保护与考古研究中心编撰 ；周有光主编. --桂林 ：广西师范大学出版社，2022.5
ISBN 978-7-5598-4660-0

Ⅰ. ①桂… Ⅱ. ①桂… ②周… Ⅲ. ①乡镇－介绍－桂林②乡村－介绍－桂林 Ⅳ. ①K926.75

中国版本图书馆 CIP 数据核字（2022）第 012457 号

广西师范大学出版社出版发行
（广西桂林市五里店路 9 号　邮政编码：541004
网址：http://www.bbtpress.com）
出版人：黄轩庄
全国新华书店经销
广西广大印务有限责任公司印刷
（桂林市临桂区秧塘工业园西城大道北侧广西师范大学出版社集团有限公司创意产业园内　邮政编码：541199）
开本：889 mm × 1 194 mm　1/16
印张：30.5　　字数：351 千
2022 年 5 月第 1 版　　2022 年 5 月第 1 次印刷
定价：198.00 元

# 前　言

中国历史文化名镇、名村，由建设部、国家文物局从2003年开始评选公布（2008年国务院机构改革后，由住房和城乡建设部、国家文物局联合公布），是指保存文物特别丰富，且具有重大历史价值或纪念意义的，能较完整地反映一些历史时期传统风貌和地方民族特色的镇或村。中国传统村落，由住房和城乡建设部、文化和旅游部、国家文物局、财政部从2012年开始评选公布，是指拥有物质形态和非物质形态文化遗产，具有较高的历史、文化、科学、艺术、社会、经济价值的村落。截至2020年，桂林市已获公布中国历史文化名镇5个、中国历史文化名村5个、中国传统村落138个。本书所收录的名镇、名村即属于上述中国历史文化名镇、名村和中国传统村落（其中第五批中国传统村落仅选择部分收录）的范畴。桂林的名镇、名村具备如下特点：

地理位置独特，风景秀丽。桂林属典型的热带岩溶地貌，境内山地、丘陵等不同的地形并存。桂林名镇、名村的选址都非常讲究，十分注重对地理环境优势的利用：或选择水陆交通要冲，或选择依山傍水的风景秀丽之地。如兴安界首镇，地处湘桂走廊、湘江岸边，是兴安、全州、灌阳、资源四县交界之地，自古为水陆交通重镇，现镇上不仅保存有反映旧时商业经济发展的明清商铺和民国骑楼，还有红军突破湘江指挥部旧址和中央军委纵队渡过湘江的渡口遗址。灵川县长岗岭村地处海洋山麓，于村前通过的三月岭古道是从兴安通往桂林的古代道路的一段，山石险峻，道路崎岖，村民借助地理环境优势，发展了独具特色的商贸业态，现村中民居和古道并存，可见当年村落的繁荣和独特的传统文化。

建筑风格突出，特色鲜明。桂林名镇、名村在建设选址时，多择依山面水之处，后有青山耸立，前有绿水长流。环绕村落，往往建有寨墙、寨门、碉楼等维护村落安全的防御设施。村中民居建筑连片集中，大宅小院错落有致，排列有序；街巷曲径交错相通，多以青石板、鹅卵石或二者相间铺设；古桥、古井分布村间，沿街建有或明或暗的供水排水系统。每处村落都建有家族宗祠，为村民祭祀先祖、聚会议事、集体活动的公共场所。民居建筑多为三进三开间，两天井院落；砖木结构，青砖墙体，马头墙式防火墙，较大规模的建筑常用规整的青条石砌筑墙基；穿斗式、抬梁式或混合式木梁架，小青瓦硬山顶；石础、槅扇、梁架多装饰有寓意吉祥的花卉、走兽或文字图案。建筑风格既有本地特色，同时兼有徽派和湘南建筑的元素。建于山地的少数民族村寨，民居建筑均依山就势而建，为全木结构的干栏式建筑，小青瓦坡顶。一般为三层：下层为架空层，用于饲养家畜家禽，并起到通风防潮、避免野兽侵扰的作用；中层为主层，用于居住和日常生活，有堂屋、火塘、卧室等；上层为阁楼，用于存贮物品；房屋四周有伸出的挑廊，供人休息和做活。由于建筑一边紧靠山坡，其余三边皆悬于空中，靠柱子支撑，因而又称吊脚楼。

历史文化厚重，人文蔚起。桂林名镇名村中的居民祖先多从中原迁移而来，建村历史少则几百年，多则上千年，很多村落都注重读书，崇尚文化，在发展过程中，培养出不少人才，留下了深厚的文化印迹。如灵川县江头村，奉北宋著名理学家周敦颐为先祖，家祠以“爱莲”为名，自明末以来，多有科举入仕，且为官清廉，有“百年清官村”之誉。永福县崇山村，自李熙垣于清乾隆年间以绘画知名于世，其子孙皆承家学传统，时有“李氏一门，画笔如林”之称。灌阳县江口村，唐景崧、唐景崇、唐景葑同胞三兄弟，分别于清同治至光绪初年先后登进士，授翰林院庶吉士，以“同胞三翰林”传为佳话。较著名者为临桂区横山村的陈宏谋，清雍正元年（1723）以科举入仕，先后任外官三十余年，历十二行省二十一任，政绩廉绩，彪炳史册；至嘉庆二十五年（1820），其玄孙陈继昌成为中国科举史上最后一位“三元及第”，时人赠联云“高祖当朝一品，文孙及第三元”，享誉至今。

桂林名镇、名村中许多同时还是文物保护单位。如灵川县江头村、长岗岭村，恭城瑶族自治县乐湾村已被整体列为全国重点文物保护单位；灵川县大圩镇、大桐木湾村、熊村，兴安县榜上村、水源头村，灌阳县月岭村、青箱村、洞井村，恭城瑶族自治县朗山村、杨溪村均已被整体列为自治区级文物保护单位；灵川县迪塘村、老寨、新寨，平乐县榕津古镇，永福县崇山村均已被整体列为县级文物保护单位。其他很多名镇名村的会馆、宗祠、戏台、牌坊、桥梁等单体建筑也被分别列为国家级、自治区级、市（县）级文物保护单位。

这些名镇、名村，如一颗颗明珠镶嵌在桂北大地上。如何把这些散珠碎玉式的古镇、古村串联起来，整体呈现在世人面前，是一个前所未有的重大课题。近年来，按照桂林市委、市政府“寻找桂林文化的力量，挖掘桂林文化的价值”战略部署，桂林市文物保护与考古研究中心组织相关专业人员，对已被公布为“中国历史文化名镇”“中国历史文化名村”“中国传统村落”的村镇进行全面调查，掌握其历史沿革及基本情况，深入挖掘其人文典故及文化内涵，深入收集、采集乡村影像和文字资料，并加以整理，成为《桂林名镇名村》一书。该书的编撰出版，将让仍然居住、生活在乡村的村民以及走出乡村、进入城里的居民，既能看到乡村的现在，还可感受到乡村的过去；同时，让陈列在广阔大地上的遗产“活起来”，依托乡村历史文化资源，推动建设乡村美好未来，让大家望得见山、看得见水、记得住乡愁。

该书的编撰出版得到了桂林市及有关县（市、区）文物、住建等部门的大力支持，他们提供了相关的基础性材料；尤其是龙胜、灌阳、恭城、阳朔、荔浦等县（市）文物部门，还安排专人参与协助实地调查，为我们收集、采集影像文字资料提供方便，在此深表感谢。由于本书收录的村镇数量众多，内容涉及广泛，加之编撰时间仓促，编撰人员水平有限，书中错漏之处在所难免，恳请各位读者批评指正！

周有光

2021 年 9 月

# 目　录

# 中国历史文化名镇

# 阳朔兴坪镇

位于阳朔县东北部，地处漓江两岸，原熙平县治所在地。三国吴甘露元年（265）置熙平县，县治在今兴坪镇狮子崴村。南朝梁撤县，并入始安县。隋开皇十年（590），在今治设阳朔县，熙平为阳朔属地，后音变为兴坪。

兴坪老街现保存有清代至民国时期的石板街、古戏台和民居建筑。兴坪古戏台，广西壮族自治区文物保护单位，位于兴坪镇兴坪小学内，建于清乾隆四年（1739），原为关帝庙戏台，后关帝庙被拆除，仅戏台保留至今。戏台坐西朝东，硬山顶砖木结构，面阔 11.5 米，进深 11.4 米。南北山墙为镬耳山墙，东侧檐墙为三阶马头墙。戏台以八根大杉木柱支撑，台基高 1.8 米。戏台前后用杉板槅扇做分割墙，将戏台分成后室和两侧厢房，杉板上刻有落款为"清代郑板桥"的竹石画及对联。戏台顶部设八角藻井。戏台前沿有《五代荣封》等 5 幅戏曲人物故事浮雕，雕刻精细生动。抗战时期，桂东北抗日武装临阳联队前身战时服务队在此成立。

兴坪镇漓江码头沿江相去 2 千米，就是人杰地灵的中国传统村落渔村。渔村始建于明正德年间（1506 ~ 1521），传说兴坪圩上达官显贵为择宝地迁此，村内保存有青石板铺砌的幽深小巷和明清时期的传统民居 40 余座，掩映于青山绿水之间。渔村漓江边螺蛳岩口有腾蛟庵，为阳朔县文物保护单位，始建于明万历二十七年（1599），清嘉庆十八年（1813）重修。庵分山门、正殿和侧楼，砖木结构，小青瓦硬山顶。正殿又称三宝殿，始建于明代，原供奉如来佛、观音、十八罗汉、关公等大小泥塑数十尊，建筑面积 216 平方米。侧楼又称魁星楼，建于清道光二十四年（1844），面积 121 平方米，原为佛教寺院，清代后为纪念抗清志士何腾蛟而更名。何腾蛟（1592 ~ 1649），字云从，贵州黎平府人，明天启举人，南明重臣，著有《明中湘王何腾蛟集》，明亡后坚持抗清，兵败被俘，不屈殉国。

漓江兴坪段是漓江最美的河段，画山、螺蛳山、莲花岩、天水寨、灵宝阁、黄布滩、大河背等优美的自然风光，引无数游人流连忘返。兴坪的奇山异水，引得周恩来、邓小平等党和国家领导人留下足迹。“春风漓水客舟轻，夹岸奇峰列送迎。马跃华山人睇镜，果然佳胜在兴坪”，就是叶剑英元帅对兴坪古镇的高度概括。民国十年（1921）12 月 4 日，孙中山从广州乘船至桂林途中，曾舍舟登岸，游览了渔村和腾蛟庵。1998 年 7 月 2 日，时任美国总统克林顿及夫人一行，从桂林乘船而下，到达兴坪渔村参观访问。2007 年，兴坪镇被公布为中国历史文化名镇。

1. 阳朔兴坪镇（苏勇摄）

2. 阳朔兴坪镇古戏台（周有光摄）

3. 阳朔兴坪镇古戏台（周有光摄）

1 2 3

阳朔兴坪老街（周有光摄）

阳朔兴坪镇街道（周有光摄）

阳朔兴坪老街咖啡馆（周有光摄）

阳朔福利镇街巷（周有光摄）

阳朔福利镇妈祖庙（周有光摄）

阳朔兴坪老街咖啡馆（周有光摄）

# 阳朔福利镇

位于阳朔县东部，东与平乐县沙子镇、福兴乡交界，南与普益乡相邻，西与阳朔镇接壤，北与兴坪镇和恭城县西岭乡相毗邻，三面环山，一面临水，桂林至梧州公路横穿东西，漓江钻石水道纵贯南北，水陆交通十分便利。

福利镇历史悠久，唐代显庆年间，此地便有人居住，因原地荔枝成林，村舍隐伏其间，故名伏荔村。宋朝时，镇北东郎山下的黄道街繁盛一时。后来因此地水路畅达，居民移居于此，渐成圩镇。明代在村东北的马山脚下建马山圩，有“马山名胜甲天洲”之称。清道光年间，马山圩迁到老街改为伏荔圩，1926 年取其谐音改为福利圩。镇内现存唐代乐州所属古城遗址（一说其为乐州治所在地），位于福利镇双桥村南侧漓江与马槽江的汇合处。乐州古城于唐武德四年（621）建成，城址平面呈长方形，城垣周长 750 米，面积约 3.4 万平方米。城西北侧排列石马槽，以天然砾石凿刻而成，相传为当时的饮马处。福利镇老街濒临漓江汊河，历史上多为本地人居住，现存少量明清时期的古民居，并有天后宫、奎星楼、石桥、码头等遗存。天后宫始建年代不详，清朝初年重修，用于供奉妈祖。奎星楼始建于明末清初，为福利圩西门门楼，下部基础部分为料石砌成的拱门，有条石台阶通往码头；中间主体部分呈方形，四面砖墙，南北两面开门，东西两面开窗，楼东侧立有民国三十七年（1948）《重修奎星楼记》碑刻；上部为四角歇山顶凉亭式建筑。兴隆街历史上多为广东、福建、江西、湖南等外来商贾居住及商贸交易活动，1999 年修建旅游通道时拆除。岭背街过去多为外来做手艺的人员以及帮工居住，街中原建有行宫、会馆、戏台及圩市，现存少量清至民国时期古民居，并已成为古镇旅游画扇一条街。

福利镇历史上还有“九井十八巷”之说。南门码头总长 20 米，宽 1.8 ~ 9.7 米，由五部分青石台阶组成，始建年代约为明代，清咸丰十年（1860）重修。水天一色码头可分为护堤、码头、城门、门楼等五个部分，码头南侧有四方形水井一眼，井台有“清泉”二字，落款为民国三十七年（1948）。接龙桥由上下两座平行叠压的石拱桥组成，上桥为风雨桥，连接天后宫和南门码头，下桥年代约为清代，连接南门码头和水天一色码头的绕江小道，桥西侧接天后宫前护堤。上、下桥均为半圆形单孔石拱桥，两层高差0.96米，视觉上为桥上筑桥，两桥各具交通功能，设计巧妙，造型别致。东山亭位于夏村村委东郎山西麓，建于民国十五年（1926）。平面呈长方形，三开间砖木结构，硬山式小青瓦屋面，抬梁式构架。三阶马头山墙，东西墙上各开三个拱窗，南北山墙对开砖拱门，拱门上石匾楷书阴刻“东山亭”三字。拱门两边分别镶嵌有楹联。该亭为阳朔最大凉亭，结构古朴，富有地方民族色彩，现为阳朔县文物保护单位。狮山亭位于夏村小学前狮子山西麓，建于民国十八年

阳朔福利镇（苏勇摄）

（1929）。亭外尚存小段石板道，为福利通往平乐沙子的古驿道。古风亭位于洞心村委留旗村北面，建于民国十八年（1929）。福利有着悠久的画扇制作历史，独具特色的民间工艺画扇远销东南亚、日本、美国、墨西哥等国家和地区，有"中国画扇第一镇"之称。每年农历五月初八，是福利镇的民俗传统节日会期。每年农历八月十五"天灯节"是古镇又一特色传统民俗节日，晚上天黑时，人们在古镇周围的三个山头上点亮"天灯"，燃放炮竹，焚香祈福。

福利镇山水风光秀美，是电影《刘三姐》的主要拍摄地。

阳朔福利镇码头及奎星楼（周有光摄）

阳朔福利镇古风亭（周有光摄）

阳朔福利镇街巷（周有光摄）

阳朔福利镇妈祖庙（周有光摄）

阳朔福利镇画扇制作（周有光摄）

阳朔福利镇手绘画扇（周有光摄）

## 灵川大圩镇

位于灵川县南部，漓江东岸，是古代桂林的水陆码头和商品货物集散地。战国时期即有人群聚居，马山七星坡曾发现战国古墓7座，平面布局呈北斗七星状，出土了铜兵器、铁质生产工具、陶质生活用器等文物。汉代称大圩为牛马亭，隋唐称长安市。宋代始称大圩，商业十分繁盛，静江府（今桂林）在此设有专门的税官。明代有芦田市的别名，街坊长五里，俗称“五里古镇”，为广西四大圩镇之首。

大圩镇现存古街道、民居、会馆、凉亭、戏台、清真寺、石拱桥等遗物遗迹。老街道共有8条，用青石板铺砌，下有隐藏的排水设施。沿街多为清至民国时期的民居建筑，临江沿坡而建，砖木结构两层楼房，青砖砌墙，有形式各异的山墙；穿斗式木梁架，小青瓦硬山或悬山顶；门簪、门扇、窗棂多雕有松、竹、梅、菊或蝙蝠、鹿、寿桃、喜鹊等吉祥图案，或书刻诗词为装饰。建筑多集商住于一体，前店后宅或下店上宅，临街一面用作商铺，往里是天井、正房，两侧有厢房，后院临江，有石阶可下至江边。

清真寺位于生产下街，清乾隆四十年（1775）穆斯林群众捐建，光绪二十年（1894）重建。现存大殿为木楼式建筑，礼拜殿在楼上，下面为大厅，厅侧建有套间，为教

长休息室，厅后两侧为厨房、浴室。民国时期，在寺内办儿童经文夜校，后改为回民小学，成达师范南迁桂林后又改为成师二附小。

湖南会馆位于光明街大圩小学校园内，建于清代，砖木结构，坐北朝南，硬山顶小青瓦屋面，三阶马头墙，抬梁式与穿斗式相结合式梁架，梁架上的柁墩、雀替和封檐板等构件饰以各种浮雕图案，会馆原大门、石狮子在“文化大革命”期间被毁。

灵川大圩镇（苏勇摄）

万寿桥位于建设街与东方街之间的马河之上，始建于明万历年间（1573 ~ 1620），后因洪水损毁，清光绪二十五年（1899）重修，为半圆形单孔石拱桥，拱券采用纵联方式砌筑，东桥埦 23 级石阶，西桥埦 22 级石阶，桥面铺设方整青石板，两侧有石护栏，两端各立石狮一对。

沿江有 13 座码头，可见当年的繁荣景象。民国十年（1921）12 月 4 日，孙中山从广州乘船至桂林途中，曾在大圩停留，并在塘坊码头发表演讲。

灵川大圩镇万寿桥（周有光摄）

灵川大圩镇漓江码头渡船（周有光摄）

大圩古东瀑布源头比漓江水面高出 180 米，是一个由地下涌泉形成的多级串连瀑布，八级瀑布形态各异，深受游客喜爱。深秋时节，瀑布区大片红枫霜林尽染，漫山红遍，令人流连忘返。

大圩古镇的传统文化和民间习俗有桂剧、彩调、龙船歌以及赛龙舟等。

大圩古镇于 2002 年被公布为广西壮族自治区文物保护单位，大圩镇于 2005 年被公布为中国历史文化名镇。该镇的熊村、毛村、上桥村已被列入中国传统村落名录。

1. 灵川大圩镇石板路（周有光摄）

2. 灵川大圩镇商铺民居内景（周有光摄）

3. 灵川大圩镇万寿宫及街巷（周有光摄）

1 2 3

萬壽宮
道法禪機論人生

# 兴安界首镇

位于兴安县北部，地处湘桂走廊。镇依湘江而建，是兴安、全州、灌阳、资源四县交界之地，自古以来是桂北交通和商贸重镇。据传，秦始皇征伐岭南遇阻，曾在此屯兵修整，并开凿灵渠，进而统一中国。境内现存有汉代修筑的古城遗址，位于城东村城子山屯北面，东临湘江。城址呈长方形，南北长约300米，东西宽约240米。城墙为黄土夯筑，现存城墙残高1～3米，厚5～10米。城址四角较高，墙体宽厚，原建有防御性的楼橹建筑。城墙外有护城壕。结合文献记载和考古资料，有学者认为，该城址可能属于汉零陵县城址。

位于界首村旁的接龙桥为广西壮族自治区文物保护单位。据清道光《兴安县志》记载，接龙桥为嘉庆六年（1801）重修。桥为半圆形三孔石拱桥，拱券采用纵联方式砌筑，桥面用方整石板铺砌，桥面两侧护栏石雕凿整齐，微成鼓状。

民国年间，古镇临湘江边建有两处大码头，并有若干小码头。镇内街道为青石板铺砌，沿街两侧均建有骑楼，开设有布铺、药铺、杂货铺、伙铺、米铺、裁缝铺等，著名的商号有富元泰大药铺、裕庆隆布铺、鸿纪布铺、恒丰布铺、唐林新布铺等，并有湖南、江西、广西会馆等众多会馆建筑及关帝庙等庙宇建筑。

民国二十三年（1934）11月27日至12月1日，红军长征途经桂北，在湘江沿线展开了红军长征史上历时最长、规模最大、战斗最激烈、损失最惨重的一次生死大决战。湘江战役三大阻击战之一的光华铺阻击战就发生在界首镇南面的光华铺。

三官堂位于界首镇北面的湘江西岸，建于民国初年。湘江战役期间，红一、红三军团曾先后在此设立临时指挥部。11月27日，红一军团渡过湘江，林彪设临时指挥部于三官堂。由于北面防守重地全州被湘军占领，形势变得十分危急。奉军委指示，林彪于当日晚在此向红三军团四师十团布置了防守光华铺的事宜之后，28 日拂晓，移军团指挥部于脚山铺，阻击南下的湘军。29 日下午，红三军团在渡过湘江后，彭德怀把军团部也设在三官堂，亲自指挥，阻击北上的桂军，确保界首渡口浮桥畅通，保证中央军委纵队安全渡江。12 月 1 日，在军委纵队安全过江后，彭德怀率军团部撤离三官堂。其间，朱德也在三官堂内指挥渡江。湘江战役结束后，三官堂被炸毁，后于 1936 年由民间集资重建。重建后的三官堂为两进四合院式建筑，砖木结构。中华人民共和国成立后，为纪念红军，当地群众称此为红军堂。

湘江战役期间，中央机关、军委纵队曾驻扎于镇内，现存临江骑楼老街因此又被称为“红军街”。古街长约 800 米，宽约 6 米，两边为骑楼建筑，一层为门面店铺，廊道砖柱上尚存“义利庄”“信昌行”等旧时商铺名称。

2006 年，湘江战役旧址被公布为全国重点文物保护单位。2014 年，界首镇被公布为中国历史文化名镇。

兴安界首镇（苏勇摄）

界首骨科

兴安界首镇三官堂（周有光摄）

兴安界首镇红军长征湘江战役光华铺阻击战旧址（周有光摄）

兴安界首镇骑楼老街（周有光摄）

兴安界首镇骑楼老街红薯粉晾晒销售（周有光摄）

# 恭城恭城镇

位于恭城瑶族自治县，为县治所在地。隋大业十四年（618），梁萧铣据有岭南，分平乐地置茶城县，为恭城建县之始。镇内现存的恭城县文物保护单位江贝村城址即唐至明代中期恭城县治所在地。城址平面呈长方形，面积约10万平方米。现存城墙长40余米，高2～3.5米，厚5米，用黄土和砾石夯筑而成。唐武德四年（621），平定萧铣，更名为恭城县。县城由于三面临江，常有水患，宋太平兴国元年（976），曾迁北乡龙渚市（今栗木镇上宅村大源头），景定五年（1264），迁回原址。明成化十三年（1477），知县夏玮将县城迁往今址。县城地貌酷似一个天然的大八卦图，茶江以“S”形绕越县城。明清时期，这里水运发达，商业繁荣。镇上现存三条建于清至民国的古街，为太和街、吉祥街、傅家街，街巷铺砌青石板，两侧多为旧时商铺建筑。傅家街两头保存有两座建于清乾隆年间的青石贞节牌坊。

镇内现存文庙、武庙、周渭祠（周王庙）、湖南会馆四大古建筑，人称“三庙一馆”，形成了恭城独特的古代“文”“武”“官”“商”文化。

文庙又称孔庙，位于县城西山南麓，占地面积3600平方米，建筑面积1300平方米，始建于明永乐八年（1410），是广西现存规模最宏大、历史最悠久、保存最完整的庙宇。据县志记载，孔庙原址在城东凤凰山麓，明成化十三年（1477），县令夏玮把孔庙迁至县西黄牛岗。嘉靖三十九年（1560），又有人说庙址风水不好，难出状元，遂将孔庙再次迁移至今址。道光二十年（1840），有人认为孔庙窄小，以致恭城长期出不了状元，意欲扩大规模。时值县内王雁洲、莫励堂两位举人进京赴考，趁会试之便前往山东曲阜考察孔庙。后由知县彭正楷领衔筹集巨款，延聘湖广名匠，依曲阜孔庙之格局，于道光二十二年（1842）建成现之规模，为恭城赢得了“华南小曲阜”的美称。文庙坐北朝南，依山势而建，楼阁殿宇依六级平台，层叠而上，对称严谨，雄伟壮观！

与文庙相距不过 100 米的武庙，始建于明万历三十一年（1603）。庙中戏台是目前广西保存最完整的两处古戏台之一。

为纪念宋代以清官著称的监察御史周渭而建的周渭祠，始建于明成化十四年（1478）。祠中经清雍正元年（1723）重修后的正门楼，斗拱重檐，形似蜂窝，表现出了精湛的建筑艺术。湖南会馆则以其结构独特，造型奇巧，雕饰精美，在当地享有“湖南会馆一枝花”的美称。

2006 年，恭城古建筑群（文庙、武庙、周渭祠、湖南会馆）被公布为全国重点文物保护单位。2014 年，恭城镇被公布为中国历史文化名镇。

恭城恭城镇（苏勇摄）

恭城恭城镇文庙（周有光摄）

恭城恭城镇文庙状元桥棂星门（周有光摄）

恭城恭城镇武庙（苏勇摄）

恭城恭城镇武庙戏台（周有光摄）

恭城恭城镇湖南会馆、周渭祠（苏勇摄）

恭城恭城镇盘王阁（周有光摄）

恭城恭城镇太和街（周有光摄）

# 中国历史文化名村

# 阳朔旧县村

位于白沙镇，地处遇龙河畔，因村北有唐归义县古城址而得名。归义县，建于唐武德四年（621），贞观元年（627）并入阳朔县。城址东西两面奇峰高耸，南北为狭长而平坦的走廊，遇龙河蜿蜒经过古城西南。五代十国时期，楚国军队曾在城东山峰上筑寨防守。古城址平面呈正方形，面积2.8万平方米。城墙为土筑，残墙周长678米，高3～5米，厚约5米，设有4门。旧县村东西两面奇峰险峻，西南有遇龙河自北向南流过，自古以来是桂林通往阳朔、荔浦、平乐的交通要道。

村西北现存一座单拱石桥，名仙桂桥（又名旧县桥），始建于北宋宣和五年（1123），南宋绍兴七年（1137）重修，桥腹拱券上刻有关于该桥始建和重建情况的文字。该桥年代久远，纪年明确，是桂林现存比较完整的两座宋代石拱桥之一，于1994年被公布为广西壮族自治区文物保护单位。

村内有用青石板铺设的街巷横贯村中，两侧现分布有传统民居建筑10余座。民居均为砖木结构，青砖墙，马头墙式防火墙，小青瓦硬山顶，石础、槅扇、窗棂雕刻各种花草和鸟兽虫鱼图案，工艺颇为精美。

位于村口的黎氏宗祠，建于清朝末年，由门楼、连廊和享堂组成两进一院布局，小青瓦硬山顶，砖木结构，占地面积280平方米。整个建筑雕梁画栋，恢宏大气，工艺精致，显示一派大家风范。门楼前出卷棚轩顶，两侧为二阶马头墙，大门上有对联“彝伦攸叙，明德惟香”，两侧悬挂有为清嘉庆十二年（1807）岁贡生黎近良立“岁进士”牌匾、为光绪二十年（1894）举人黎启勋立“文魁”牌匾、为嘉庆十五年（1810）武举人黎怀治立“武魁”牌匾，大门外立有旗杆石。抗日战争期间，旧县村人黎行恕曾任第五战区副参谋长、第四十六军军长、海南岛日军投降仪式中方首席代表等职，参加过台儿庄战役、昆仑关战役，为中国抗日战争的胜利做出贡献。村中尚存黎行恕故居，村民称之为“将军府”，大门前立有“抗日将领黎行恕”纪念碑。

旧县村历史悠久，人才辈出，山水田园，风光秀美，旅游资源得天独厚，是中国旅游

阳朔旧县村（苏勇摄）

名县阳朔县乡村旅游、民宿旅游的代表。

2014 年，旧县村被公布为中国历史文化名村。2019 年，阳朔遇龙河旅游度假区获批成为国家级旅游度假区，也是广西首个国家级旅游度假区。

阳朔旧县村黎行恕故居（周有光摄）

阳朔旧县村黎氏宗祠（周有光摄）

阳朔旧县村仙桂桥（周有光摄）

阳朔旧县村民宿（周有光摄）

阳朔旧县村民宿餐馆（周有光摄）

# 阳朔朗梓村

位于高田镇朗梓村委。村民多为覃姓，壮族。村落始建于清顺治年间（1644 ~ 1661），据《覃氏族谱》记载，先祖覃正尧原为广西庆远（今宜州）人，明末李自成部下将领，因与清军作战失败落荒至此，见山清水秀，因此定居。至道光、咸丰年间，人丁兴旺，家境渐丰，于是村民雇请名匠，扩建村庄。村中街巷用青石板或青石块间鹅卵石铺砌，现存传统民居建筑 60 余座，均为砖木结构，青砖墙体，马头墙式防火山墙，墙基与进门台阶均用青条石砌筑，小青瓦硬山顶，雕梁画栋，十分精美。

瑞枝公祠为该村覃氏宗祠，建于同治年间（1862 ~ 1874），占地约 2000 平方米，由门楼、正殿、后殿、天井、厢房组成，体量高大，气势雄伟，石质柱础，雕饰精美，前檐下有壁画 7 幅，内容为乌鸦戏水、春燕衔泥、渔翁钓鲤等。

祠堂左侧有碉楼 1 座，高 30 米，共 7 层，用大小不等的卵石拌灰浆构筑而成，墙体上开有小窗和射击孔。该炮楼是朗梓村最高的建筑物，也是阳朔县唯一保存完好的碉楼。

该村历史上人才辈出，其中一户人家有“一门三进士，同堂两县官”的美谈。这户人家的老宅规模宏大，占地面积约 3000 平方米，建筑至今保存基本完好，反映中华人民共和国成立初期广西剿匪故事的 20 集电视连续剧《山村复仇记》的主要拍摄场景即选址于此。

村子四周围以护村石墙，石墙上布满藤蔓，村民称之为“藤墙”。每到春暖时节，藤上花朵红白相间，“藤墙”变为“花墙”。

作为壮族聚居地，该村壮族民俗文化独具特色。逢年过节，村民在瑞枝公祠举办百家宴、长桌宴，款待四方宾客。每年“三月三”壮族歌节，大家赶歌圩、唱山歌、舞狮龙、唱彩调，举办抢花炮、抛绣球、滚铁环、踩高跷等各种民俗活动，热闹非凡。该村根雕、竹雕品种多样，工艺精美，雕刻图案和内容有人物画像、花鸟虫鱼、诗词歌赋等，产品远销港澳及东南亚地区。

阳朔朗梓村瑞枝公祠（周有光摄）

阳朔朗梓村民居槅扇门窗装饰（周有光摄）

阳朔朗梓村瑞枝公祠柱础（周有光摄）

# 灵川江头村

位于九屋镇。村民以周姓为主，祖籍湖南道州，为北宋著名理学家周敦颐后裔。先祖于明弘治元年（1488）任官广西，因寄居龙胜牛头寨，后迁居于此。

村民世代秉承周敦颐治学修身之道，崇尚读书，热衷科举，在读书尚文风气的影响下，清代科举出身者计有进士 5 人、翰林 4 人、举人 12 人、贡生 6 人，因有“家祠莲花地，江头进士村”的美誉。

村中现存明代至民国时期民居 180 余座 620 多间，并有祠堂、牌坊、水井等建筑和构筑物，是一处保存较完整的古村落。民居屋顶做成小青瓦坡顶，多采用硬山形式，穿斗式砖木结构，外墙墙基一般用青白料石，上用青砖砌筑。许多民居筑有形式多样的山墙。建筑的门簪、门扇、窗棂等地方除了装饰传统的花草图案和吉祥图案，更多的是雕刻各式各样的莲花，体现了主人的追求和喜好。现在房屋依然保存了原有的古朴韵味，门前均挂有由后人制作的最具代表性的屋主的生平简介，门头上悬挂有象征屋主身份地位的牌匾，如“父子翰林”“四代举人”“五代知县”等。

太史第原为江头村进士（清同治）周冠的祖屋，因周冠中进士后任过翰林院编修，并主编过国史，故称“太史第”。太史第原有四进五开间，现存三天井院落，占地 626 平方米，硬山顶穿梁构架，砖木结构，槅扇门窗雕工精美。

爱莲家祠是村中的周氏宗祠，建成于清光绪十四年（1888），建筑坐西朝东，原有六进，现存三进建筑和三个天井，占地面积 1200 平方米。家祠为小青瓦硬山顶，五开间，穿斗式木构架。祠堂沿中轴线对称布局，逐层抬高，层次分明，气势雄伟。门厅为镬耳山墙，后两进为三阶马头墙。建筑装饰多为精雕细凿的各种字体组成的诗词和楹联。尤为独特的是，天井两侧厢房花窗不用通常的吉祥图案，而是用篆体文字为装饰，窗棂组合成篆书文字，内容有“慎言”“敏事”“亲贤”“循理”等。家祠以“爱莲”为名，是取周敦颐的名作《爱莲说》之意，劝勖子孙应像莲花那样，高洁端正，出淤泥而不染，正直做人，廉洁为官。

明清两代，江头村考取功名在外做官的周氏子弟人数众多，且个个清廉，因此该村又被称为“才子村”和“清官村”。村边有小溪潺潺流过，村口有古石桥，桥边立有一座惜字炉，又称字塔，显示了江头村人崇文尚书的习俗。

该村的“爱莲文化”和“姑娘节”被列入非物质文化遗产名录。2006年，江头村古建筑群与长岗岭村古建筑群被合并公布为全国重点文物保护单位。2008年，江头村成为桂林首个廉政文化教育基地。2012年，江头村被列入全国首批传统村落名录。2013年，江头古民居博物馆成立。2014年，江头村被公布为中国历史文化名村。

近年来，在各级党委、政府以及文物、住建等部门的大力支持下，江头村保护修缮文物建筑，拆除与古村风貌不符的建筑物或构筑物，完善村内基础设施，修建进村门楼、爱莲池、停车场、旅游厕所、石板路、小广场、文化活动中心，开展微菜园、微花园、微果园、微节点的“四微”建设，通过古村保护带动旅游发展，以旅游发展反哺古村保护。每年夏天，江头村的爱莲池莲花绽放，娇艳欲滴，引无数游人流连忘返。

灵川江头村（周有光摄）

灵川江头村民居院落（周有光摄）

灵川江头村民居槅扇门窗（周有光摄）

灵川江头村巷道（周有光摄）

灵川江头村水井、小桥、流水（周有光摄）

灵川江头村爱莲家祠（周有光摄）

灵川江头村文物保护项目检查组在爱莲家祠前合影

# 兴安榜上村

位于溴川乡。村民多为陈姓，祖籍湖北黄冈，先祖陈俊于明洪武八年（1375）随靖江王护驾至桂林，任桂林右卫，驻守溴川，因定居邑之江西营村，世代务农。至清代咸丰初年，第十三代孙陈克昌与子陈玉麟同办团练，致家园被焚毁，陈克昌经风水先生指点，于咸丰四年（1854）携家眷搬到榜上村。后陈玉麟战殁于灌阳，陈克昌乃抚孙陈秉彝成长，为捐州同，任官于广东；后复捐升通判，任官云南。光绪十五年（1889），经孙陈秉彝申请，清廷诰封陈克昌为通奉大夫。

村旁的陈克昌夫妇合墓规模宏大，布局严谨，神道两边依次立有华表、石狮、石马、石翁仲、诰封碑，造型讲究，雕工精美，1991 年被公布为兴安县文物保护单位。

据史料记载，自明清以来，由湖南通往桂林的四条古道，除灵渠水道外，其他三条都贯穿溴川全境。独特的地理位置和便捷的交通，成就了溴川商贸集散中心的地位，而榜上村是溴川古道的交汇中心。陈克昌利用古道及榜上村的优势条件，弃农经商，数年间即富甲一方。为解决家族住房和便利古道商贸，陈克昌在榜上村精心规划修造了家族住宅和炮楼、会馆等建筑。其性甘淡薄，好周恤邻里，并乐捐重赀，赞助公益事业，延师教书育人，人称“富而好礼者”。

村中现存古建筑建于清至民国年间，有民居、炮楼、石牌坊等。村中街巷用青石板或鹅卵石铺砌；民居建筑为砖木结构，青砖墙，基部用青条石砌筑，也有为土夯墙，基部用鹅卵石垒砌，部分墙面有彩绘或雕塑的花草图案；木构梁架，小青瓦硬山顶。榜上村屋高巷窄，民居座座相通，遇有盗匪抢劫，便于联防御敌。村里另有炮楼 2 座，建在村后地势较高处，便于观察和瞭望，墙体上开有炮孔和枪眼。炮楼使用砖、木、石为材料构筑，4

层，高 12 米。

漠川河上的化龙桥，为榜上村陈氏于清光绪十三年（1887）捐建，是古代灌阳、恭城两县经漠川、高尚通往桂林古道的重要桥梁。桥为半圆形单孔石拱桥，桥长 27 米，宽 5.4 米，拱跨 17.2 米，拱高 9.4 米，桥面平整，拱券高大，两侧有护栏石，桥西面立有《修化龙拱桥碑记》石碑。

榜上村现存明代修筑的古驿道遗址，古驿道上有陈秉彝于清光绪三十年（1904）为其母程氏向朝廷奏建的节孝牌坊。

2009 年，榜上村古建筑群被公布为广西壮族自治区文物保护单位。2014 年，榜上村被公布为中国历史文化名村。

炒油茶是榜上村的传统习俗，村民早晚两餐雷打不动，三餐也习以为常，亲友贵宾来了，便以油茶相敬。吃油茶也讲规矩，只吃一碗是不行的，至少要吃两碗。该村还有还盘王愿与跳堂舞、打醮等习俗。

兴安榜上村（苏勇摄）

1. 兴安榜上村民居（周有光摄）

2. 兴安榜上村民居门墩石一（周有光摄）

3. 兴安榜上村民居门墩石二（周有光摄）

1. 兴安榜上村陈克昌夫妇合墓石狮（周有光摄）

2. 兴安榜上村陈克昌夫妇合墓石像生（周有光摄）

3. 兴安榜上村陈克昌夫妇合墓石马（周有光摄）

4. 兴安榜上村陈克昌夫妇合墓（周有光摄）

1 | 2 | 3
4

兴安榜上村化龙桥（周有光摄）

兴安榜上村节孝牌坊（周有光摄）

# 灌阳月岭村

位于文市镇。村民均为唐姓，原籍山东，远祖唐显均于唐末任湖南永州总镇，因居湖南；至宋末元初，先祖唐绍夫为避战乱，迁居于此。村落背倚望月岭，以其形如卧牛作抬头望月之势而名，现名月岭，村因此得名。

村中现存传统民居建筑，为清道光年间（1821 ~ 1850）唐虞琮为他六个儿子修建的六个堂院，依次为多福堂、翠德堂、锡嘏堂、文明堂、继美堂、宏远堂，均为砖木结构，小青瓦硬山顶，雕梁画栋，工艺精细。

村里村外筑有多层防御工事。村内有巨石垒砌的三层碉堡，主要村道两侧的房屋石墙开有射击孔，环绕村四周，修有巨石城墙和护村壕河，村后建有石寨和与村中相通的暗道。

村西北有唐景涛于道光十四年至十九年间（1834 ~ 1839）奉旨为母亲史氏所建孝义可风牌坊，为四柱三间三楼仿牌楼形式，高 10.2 米，宽 6.55 米。明间为庑殿顶，脊两端鳌鱼正吻，脊中央有三层八方玲珑宝塔，第一层浮雕八尊佛像，第二层每一面篆刻一字，合为“欲目千里，更上一层”。屋顶由四组斗拱支撑，斗拱中间是正匾，镂雕五条龙，匾中直书“皇恩旌表”。竖匾两侧是透雕镂空格窗。匾下龙门枋刻有莲瓣纹宝座承挑顶楼。龙门枋下共有三层额枋二层额匾，下额枋正背面均透雕“麒麟献瑞”，中额枋两面透雕“双龙戏珠”，上额枋浮雕“八仙”“八宝”图案。各枋之间嵌有额匾，正背面各书“孝义可风”“艰贞足式”以及史氏节孝逸事、生平简介。次间亦为庑殿顶，末端饰龙形吻兽，由三组斗拱支撑，斗拱间有透雕镂空格窗。其下大额枋与小额枋之间亦嵌有一块碑记，分别记载乡绅呈报史氏节孝事迹和县署、府及布政使司呈报批文、捐资建造事宜。整座牌坊立于四个须弥座上，每柱前后均有抱鼓石护柱。牌坊旁还建有步月亭、文昌阁，后山建有百岁亭、培英书院，

灌阳月岭村（苏勇摄）

灌阳月岭村将军庙（周有光摄）

此外，村内有催官塔、将军庙以及古井等清代建筑遗存。

该村历来有演唱桂剧的传统，现为非物质文化遗产桂剧传习基地。1980 年，将军庙、催官塔被公布为灌阳县文物保护单位。1981 年，石刻牌坊被公布为广西壮族自治区文物保护单位。1999 年，月岭古民居被公布为灌阳县文物保护单位。2014 年，月岭村被公布为中国历史文化名村。2017 年，月岭村古建筑群被公布为广西壮族自治区文物保护单位。

1. 灌阳月岭村水井《公禁》碑（周有光摄）
2. 灌阳月岭村民居柱础一（周有光摄）
3. 灌阳月岭村民居柱础二（周有光摄）

灌阳月岭村石刻牌坊（周有光摄）

# 中国传统村落

# 雁山大岗埠村

位于大埠乡大埠村委。村民多为唐姓，先祖于明永乐年间从湖南迁来桂林，成化年间（1465 ~ 1487）定居于此。村中现存主体建筑为清代庄园 1 座，为广西地方团练总办唐仁于清同治年间（1862 ~ 1874）所建。庄园坐东朝西，南北宽 300 余米，东西深 100 余米，占地面积约 30 000 平方米，建筑面积 2 817 平方米。背倚后山，前横清溪，遥瞻文笔塔（塔已毁）。四周筑有围垣，为石砌券顶，南面辟水龙门，东面辟后山门。在后山门的券顶有唐世培作石刻 1 件，记载了咸丰二年（1852）唐仁率团练阻击太平军，前村因此被焚毁事。庄园内共有堂房楼舍 100 余间，由北往南分为三部分，分别为唐仁、唐义、唐智三兄弟所居，各部分之间互相通连。唐氏宗祠位于庄园中央，砖木结构，小青瓦硬山顶，门匾为广西古文五大家之一的王拯所题。庄园依山傍水，青砖灰瓦，木楹石础，路面铺设青石板和卵石，建筑门窗多雕刻镏金，天井还植有百年名贵花木。1987 年，大岗埠村唐氏庄园被公布为桂林市文物保护单位。

雁山镇上，有唐仁及其子唐岳所建之私家园林，原名“雁山别墅”，始建于清同治八年（1869），历时十余年。园林呈长方形，南北长约 500 米，东西宽约 330 米，占地面积约 15 万平方米。园林借助自然山水，配置相宜的人工建筑和田园景色，周围有砖石围墙，墙外溪水环流，体现了南方园林的典型特色，是岭南、岭西少有的名园。唐岳后人于光绪三十三年（1907）将其变卖给两广总督岑春煊（号西林），易名为“西林公园”。1929 年，岑春煊将其捐赠给广西省政府，更名为“雁山公园”。1998 年，雁山公园被公布为桂林市文物保护单位。

1. 雁山大岗埠村（苏勇摄）

2. 雁山大岗埠村民居及唐氏宗祠（周有光摄）

3. 雁山大岗埠村民居（周有光摄）

4. 雁山大岗埠村唐民三故居（周有光摄）

1 | 3
2 | 4

# 雁山禄坊村

位于柘木镇禄坊村委，漓江与相思江在此交汇。村落形成于明代，依山而建，坐南朝北，现存传统民居建于明清时期，毗邻漓江布局。村内街巷用青石板铺砌，主要建筑有一祠堂、二祠堂、红庙及民居建筑。一祠堂建于明代，二祠堂及红庙建于清代。民居建筑为砖木结构，青砖墙体，部分为泥砖，墙基用青石砌筑，小青瓦硬山顶。其他建筑遗存尚有明代的水井、石碾子以及清代乾隆时期的碑刻。

在相思江与漓江交汇处的父子岩及其周围，发现有新石器时代晚期至商周时期的遗址群，文化遗存面积约 10 000 平方米，洞穴、岩厦、坡地、台地文化堆积类型并存。2014 ~ 2016 年，中国社会科学院考古研究所、广西文物保护与考古研究所、桂林甑皮岩遗址博物馆、桂林市文物保护与考古研究中心联合进行了三次考古发掘，发掘面积 300 平方米，发现灰坑、用火遗迹、墓葬、房基、排水沟等遗迹，出土陶器（片）、石器、玉器、石料、石制品等遗物数万件。该遗址的发现，填补了桂林新石器时代晚期至商周时期的考古学文化空白，为研究桂林古代先民从洞穴至河流台地的聚落发展提供了重要的考古依据。该遗址出土的陶器、凹刃石锛、石钺等遗物与周边地区同时代遗物具有较大的相似性，为研究岭南地区史前文化的交流和人群迁移及区域性考古学文化的形成提供了新的考古线索；出土的玉器、双孔石钺等遗物及其切割、钻孔、打磨、抛光等工艺技术的发现，为研究桂林乃至广西以及岭南地区技术进步、文明产生、社会形态的演化等提供了重要的考古资料。

父子岩遗址于 2017 年被公布为广西壮族自治区文物保护单位，2019 年被公布为全国重点文物保护单位。

雁山禄坊村（苏勇摄）

雁山禄坊村古井及石质凉亭（周有光摄）

雁山禄坊村巷道（周有光摄）

1. 雁山禄坊村父子岩遗址（苏勇摄）
2. 雁山禄坊村父子岩遗址考古发掘现场（苏勇摄）
3. 雁山禄坊村父子岩遗址考古出土石镞（苏勇摄）
4. 雁山禄坊村父子岩遗址考古出土陶纺轮（苏勇摄）

1
2
3 | 4

# 临桂横山村

位于四塘镇横山村委。村民为陈姓，明代由宗族聚居形成村落，为清乾隆年间东阁大学士、太子太傅陈宏谋故里。村落北高南低，由主要的公共建筑和街道形成两条垂直相交的轴线。东西轴线有榕门中学礼堂、榕门中学（横山中学）、龙华古寺等；南北轴线上有景观池塘、榕门中学（横山中学）、陈氏宗祠、碑林、一品峰等。陈氏宗祠为清光绪十七年（1891）广西巡抚马丕瑶奏建，为二进三开间砖木混合建筑，抬梁式与穿斗式结构，硬山顶，坐北朝南，面宽 10.5 米，进深 43 米。宗祠内保存有碑刻 40 余件，其中有清乾隆皇帝赐江苏巡抚陈宏谋诗石刻 1 件，内容为乾隆皇帝勖勉陈宏谋做官须求实，不图虚名，要注意兴修水利等。宗祠内尚有陈宏谋父陈韫壁墓志铭 10 件，陈宏谋母刘氏墓志铭 6 件，陈宏谋墓碑 1 件、墓志 16 件，陈宏谋夫人杨氏墓志 6 件，陈兰森夫人朱氏墓志 1 件。这些石刻镌刻于清乾隆年间，记载了大学士陈宏谋的家族史，是研究陈氏世系的重要资料。

陈宏谋（1696 ~ 1771），原名弘谋，为避高宗名讳而改今名，字汝咨，号榕门，桂林人。雍正元年（1723）乡试第一，同年中进士，历任翰林院庶吉士、检讨、吏部郎中、监察御史、扬州知府、江南驿盐道、云南布政使。乾隆二年（1737），弹劾广西巡抚虚报垦田亩数，欺公累民，以渎奏降调。后历官直隶天津道，江苏按察使，江宁布政使，甘肃、江西、陕西、湖北、河南、福建、湖南、江苏等省巡抚、两广总督，奉召入京，授吏部尚书加太子太保，复授东阁大学士兼工部尚书。乾隆三十六年（1771）致仕，加太子太傅，归途中病逝于山东兖州韩庄。乾隆帝闻讯后，"甚悯悼，诏入贤良祠，赐祭葬，谥文恭"。陈宏谋任外官 30 余年，历 12 行省 21 任，所至重农务本，兴修水利，调剂粮价，奖励蚕桑，兴办义学，严惩贪污，史称"乾隆间论疆吏之贤者，尹继善与陈宏谋其最也"。所著《五种遗规》，被作为后世读书人的修身教材，时称“大儒”。

民国三十二年（1943），由广西知名人士李宗仁、白崇禧、黄旭初、李济深、粟豁蒙等发起捐建，在横山村创办了一所纪念陈宏谋的榕门中学。现存榕门中学礼堂为红墙黛瓦，砖木结构，苏式建筑。

横山村历史上人才辈出，自陈宏谋后，代代有人登科及第，计有状元 1 人、翰林 2 人、会元 1 人、进士 4 人、解元 1 人、举人 26 人、贡生 9 人，陈宏谋玄孙陈继昌，乡试、会试、殿试皆为第一，为清代科举考试两个“三元及第”之一，也是中国科举史上最后一位三元及第者，现桂林王城正阳门（端礼门）上镌有时任两广总督阮元为其书立的“三元及第”坊。广西簪缨世家，无出其右，广西布政使继昌为书楹联云：“高祖当朝一品，文孙及第三元。”

2017 年，横山陈氏宗祠及石刻被公布为广西壮族自治区文物保护单位。

横山村还是“桂林三宝”之一的桂林豆腐乳的发源地。横山豆腐乳已有三百多年历史，其色香味俱佳，制作工艺独特，2008 年被列入广西壮族自治区非物质文化遗产名录。

临桂横山村（周有光摄）

临桂横山村榕门中学礼堂（周有光摄）

1. 临桂横山村陈氏宗祠乾隆御书碑刻（周有光摄）

2. 临桂横山村诰封碑（周有光摄）

3. 临桂横山村陈氏宗祠（周有光摄）

1 | 2
3

# 临桂旧村

位于会仙镇北面，是会仙镇唯一的少数民族（回族）村落，村民多为白、马、傅姓。宋末元初，元军南下进攻广西，宋静江府（今桂林）守将马暨为宕州（今甘肃宕昌）人，其部属多为宕州回民子弟。城破后，部分官兵流落到旧村一带定居下来，形成村落。

明清两朝来广西的穆斯林定居旧村者甚多，遂在村里建了清真寺，民居建筑也就以清真寺为中心围绕建设，形成现在的布局。据寺内碑文记载，临桂旧村清真寺始建于明崇祯年间（1628 ~ 1643），为广西最早的清真寺之一，民国二十七年（1938）重修。清真寺占地面积约 600 平方米，建筑面积 532 平方米，面阔 24.8 米，进深 44 米，坐西朝东，三进三开间，从大门进入分别为前堂、讲经殿、礼拜殿，进与进之间设天井。整个建筑砖木结构，抬梁式与穿斗式结合梁架。前堂、讲经殿前檐为卷棚顶，南北山墙为三阶马头墙。礼拜殿原为砖木混合结构，2005 年因严重倒塌而改建为钢筋混凝土框架结构，但山墙和屋顶样式未变。寺内现存清嘉庆十七年（1812）《学田碑记》、道光四年（1824）《义田碑记》《本村公靖告示》碑。《学

田碑记》记载："寺内旧有学馆，并有学田，以为延师教学之具。"2013 年，旧村清真寺公布为临桂县文物保护单位。

旧村现存传统民居建于清代，砖木结构，墙基用青条石砌筑，墙身为小青砖，坡屋顶，盖小青瓦，入户有天井，建筑内部多以木结构为主。村内主道用青石板和鹅卵石重新铺设，村中心主道边上尚存青石井圈古井一口。

另外，旧村板鸭，制作工艺独特，味道绝美，畅销桂林及周边地区。

临桂旧村（苏勇摄）

临桂旧村清真寺（周有光摄）

临桂旧村清真寺修缮（周有光摄）

1. 临桂旧村清真寺内景（周有光摄）

2. 临桂旧村民居山墙（周有光摄）

3. 临桂旧村水井（周有光摄）

4. 临桂旧村清真寺《学田碑记》碑刻（周有光摄）

1
2 3
4

# 临桂槲头村

位于两江镇，为中华民国代总统李宗仁故里。村民均为李姓，先祖于明隆庆前后由湖南迁广西临桂五通，再迁今址。村子坐落在马鞍山东北麓，立山之阴，林之侧，于林中伐木垦田，故得村名“槲头”。

李宗仁故居是村中最大的建筑群，位于村头天马山下。故居西侧，尚有李宗仁叔父李春龙故居及李宗仁堂兄李德浦故居。前者大门门框为石质，门前转角石上浮雕人物、动物和花草图案，墙体上开券拱形窗。李宗仁故居东侧，一座民居山墙上伸出吊楼，结构、造型十分独特，实为罕见。李宗仁故居坐西朝东，占地面积 5 060 平方米，建筑面积 4 300 平方米，为砖木结构二层楼房，由安乐第、将军第、学馆、三进客厅、后院 5 个部分组成，共有 7 个院落、13 个天井、113 间房，围以高大厚实的院墙，合成一个长方形的建筑整体，东西对角建炮楼，院墙设枪眼。故居分期修建，最早的房屋由李宗仁祖父始建于清代末年。1905 年，李宗仁的父亲在漂泊南洋一年后回到家乡，为求安逸祥和的生活，将旧居命名为安乐第。1891 年 8 月 13 日，李宗仁在这里出生，并于 1911 年与李秀文在这里结婚。李宗仁早年先后参加了护国战争和护法运动，在战斗中屡立战功，由排长升至司令，于是李家人于 1921 年在旧宅的北侧新建了将军第。1923 年，李宗仁在安乐第的东面新建了学馆，以完成其父教书育人、造福桑梓的心愿。1926 年开始修建三进客厅。1928 年竣工后，又购得屋后空地，以为后院。故居选址很是讲究，所倚靠的天马山形似一匹朝东北奔驰的战马，周围崇山宛如两条巨龙盘旋交汇，是难得的阳宅福地。说来也巧，故居落成的 1928 年，李宗仁沿天马山所朝的东北方向，挥师打到山海关，威震全国。因此，李宗仁故居也被称为“天马山下将军府”。故居设计也很考究，大门门楼形似一个“山”字，又像一张带扶手的太师椅，正中装饰一个挂钟，包含“坐中有靠”的意思。钟的时针正好指向九点整，寓意天长地久。大门浮雕“山河永固，天地皆春”对联，横联“青天白日”的“青”字，用篆书含蓄地改成近似“李”字。1940 年春，蒋介石与夫人宋美龄专程到此探望李宗仁母亲，并在被称为“青天白日，李家当头”的匾额下合影。1996 年，李宗仁故居与官邸被合并公布为全国重点文物保护单位。

李宗仁（1891 ~ 1969），字德邻，桂林人。民国十一年（1922），联合黄绍竑、白崇禧，统一广西，成为新桂系首领。民国十五年（1926），参加北伐战争，任国民革命军第七军军长。抗日战争爆发后，任第五战区司令长官，指挥徐州会战，取得台儿庄大捷，歼灭日军万余人。抗战胜利后，任北平行辕主任、国民党政府副总统。民国三十八年（1949）1 月，任代总统。1949 年赴美，1965 年回国，在海内外产生巨大影响。1969 年 1 月 30 日在北京病逝。

山河永固

天地皆春
山河永固

1. 临桂槲头村李宗仁故居（周有光摄）
2. 临桂槲头村李宗仁故居大门（周有光摄）
3. 临桂槲头村民居（周有光摄）
4. 临桂槲头村巷道（周有光摄）
5. 临桂槲头村民居转角石浮雕一（周有光摄）
6. 临桂槲头村民居转角石浮雕二（周有光摄）

1 | 3
2 | 4 | 5 | 6

# 临桂东宅江村

位于宛田瑶族乡东部。东宅江村曾名狗瑶坪，盘瑶赵、邓、黄三姓先后到此立宅，吊脚楼依山梯次而建，寨子坐东朝西，因村寨位于东宅江源头，故名东宅江村。

明洪武年间，先祖邓法金从广东韶州府罗川县经洞庭湖、兴安县、义宁县丰山村等地，迁至今址。该村为瑶族聚居区，现有村民多为邓姓、赵姓。民居以干栏式建筑为主，十余座吊脚楼连成一排排形成同心楼，鳞次栉比，层叠而上。吊脚楼一般分为上下两层，歇山顶，盖小青瓦，穿斗式木结构，上层宽大，工艺复杂，做工精细，有雕花栏杆及门窗，屋顶歇山起翘。下层随地而建，有的受场地限制呈不规则形状。这种干栏式建筑通风防潮，冬暖夏凉。村寨中还有风雨桥、凉亭、八角楼、戏台等特色建筑，体现了瑶族独特的建筑工艺。

该村依山傍水，山高林密，瀑布众多，村民依托这些资源，开发建设了蝴蝶谷旅游景区。关于蝴蝶谷，有这样一个美丽的传说：梁山伯与祝英台变成蝴蝶双双飞走的时候，一不经意就飞到了蝴蝶谷，发现这里景色优美，十分惊喜，于是决定隐居在此，生儿育女。由于对子女的万分疼爱，不舍离开，等他们老去的时候，就化作了两座连绵的山，也就是蝴蝶谷的两个翅膀，从而继续照看他们的儿女。而这里的蝴蝶就是他们繁衍的后代（另一说法是这里的村民是他们的后代）。事实上，蝴蝶谷之所以命名为蝴蝶谷，是因为从空中俯视整个蝴蝶谷景区，两边的山脉像蝴蝶的两翼，而中间的谷地像蝶身，整体看起来像一只欲展翼飞翔的蝴蝶，这才是蝴蝶谷名字的真正由来。当然，这里的蝴蝶之多也是令世人惊叹的，蝴蝶品种共有几百种，每到农历七八月份的时候，蝴蝶成双成对地在整个山谷飞舞，十分壮观。

景区内还盛产红杉、油杉、马尾松等优质木材以及各种名贵中草药，娃娃鱼、野猪、麝羊、猴子、寒鸡、锦鸡、穿山甲、竹鼠等出没林间，丰富的动植物资源吸引着广大师生、学者、专家来此科研、考察。东宅江村优美的自然生态和淳朴的瑶族民俗风情也吸引了众多的外来游客，当地村民除种植罗汉果、百香果，多以从事旅游服务业为主要收入来源。

临桂东宅江村（苏勇摄）

临桂东宅江村民居及八角楼（周有光摄）

临桂东宅江村八角楼修缮（周有光摄）

临桂东宅江村同心楼及巷道（周有光摄）

临桂东宅江村同心楼连廊（周有光摄）

# 阳朔渔村

位于兴坪镇渔村村委，距兴坪圩镇沿漓江水路约 2 千米，传说兴坪圩上达官显贵为择贵地而迁此。渔村始建于明正德年间（1506 ~ 1521），村民有赵、陈、郑三姓，以赵姓居多。渔村地处漓江边上，村民世代以捕鱼为生，他们用竹筏而不是用木船作为捕鱼的载浮工具，经过训练的鸬鹚是他们的得力助手。

渔村村后群峰环抱，七座山峰连在一起，名为“七仙姑下凡”。传说天上王母娘娘身边有七个侍女，陪伴侍奉。有一天王母娘娘午睡正浓，七位仙女商量下凡玩耍，享受人间美丽的风光，经过蓬莱仙岛，驾云到了渔村，看见这里碧波环抱，林木苍郁，绿草如茵，乐而忘返。王母娘娘醒来之后，不见七位仙女在旁，大发雷霆，忙用慧眼往下观看，只见七位仙女在此赏景，俨然不动。王母娘娘怒极，用手一指，七位仙女变成七座山峰，永留人间。

村口大门门额上墨书“东南保障”四字。进大门不远即是渔村小学旧址。村落巷道曲折，路面多用青石板铺砌，巷道门多为券拱形。现存传统民居建筑均为砖木结构二层楼房，小青瓦硬山顶，青砖墙，马头墙式防火墙，墙上有梯形观察孔，大门一般有三重，具有较强的防盗功能。门窗雕饰丰富，有“福禄寿喜”“富贵吉祥”等篆书文字，有梅、兰、竹、菊、狮子、麒麟、蝙蝠、喜鹊等吉祥图案。每座民居都备有储水防火的石缸，上面雕刻有龙、鱼等图案。村前码头上立有《孙中山先生系舟处》碑刻。村后五指山和马颈山之间建

阳朔渔村（苏勇摄）

阳朔渔村漓江码头（周有光摄）

有天水寨，四周悬崖峭壁，仅有一条小路可通，地势险要。寨为清咸丰年间为避战乱、防匪盗而建。因寨中有井泉二眼，泉水清澈，经冬不涸，村人疑此水从天而降，天水寨由此得名。

该村历代多出人才，名人有富甲阳朔的赵家堂，有留学海外后寓居加拿大的造船主赵元典，有终身追随孙中山先生革命的黄埔一期生赵丹瑶，还有康有为的弟子、曾参与公车上书的赵春台。1921 年冬，时任中华民国非常大总统的孙中山先生率船队从广州溯江而上，准备到桂林建立北伐大本营。到达阳朔时，孙中山作了《实行三民主义及开发阳朔富源方法》的演讲。渔村人赵丹瑶是孙中山的忠实追随者，所以孙中山在演讲后的第二天 12 月 4 日就到兴坪渔村宣传革命思想，还在胡汉民、张猛等人的陪同下登上了天水寨。

1998 年 7 月 2 日，时任美国总统克林顿及夫人一行，从桂林乘船而下，到达兴坪渔村参观访问。克林顿对渔村典型古朴的中国农村风貌以及独具特色的中国乡村传统民居频频点头赞许，在参观了村民的小卖部后，克林顿主动与村民全家合影留念。克林顿总统访问兴坪渔村，世界各大传媒争相报道，小小兴坪渔村名扬天下。

阳朔渔村大门（周有光摄）

阳朔渔村民居山墙（周有光摄）

阳朔渔村小学旧址（周有光摄）

阳朔渔村巷道门楼（周有光摄）

阳朔渔村孙中山先生系舟处（周有光摄）

# 阳朔龙潭村

位于高田镇龙潭村委。金宝河从村前流过，汇入遇龙河。村后山峰形似龙头，山下有一深潭，当地村民称为龙头潭，该村因名龙头潭，1949 年后更今名。龙潭村始建于明朝万历年间，距今已有四百多年历史。村民有徐、邓、张、阳等姓，以徐姓为主。徐氏先祖于明末从山东迁安徽，后再迁今址。

阳朔龙潭村（苏勇摄）

村内民居建筑以徐氏宗祠为中心，略呈街巷式布局，各民居间以规整的青石板巷道相互连通；村子外围原筑有高大围墙，设两道闸门，现已不存。现存传统民居建筑40余座，多建于清代。民居一般为二进或三进院落，砖木结构，青砖墙体，部分墙体为里面土砖外面包青砖，马头墙或弧形防火山墙，小青瓦硬山顶。檐角、翘脊装饰各种形状和图案，有的民居墀头还装饰有“龙飞”“凤舞”等文字。槅扇门窗，木楹石础，雕花繁多，古朴典雅。部分建筑开拱形门和多种形状的窗户。门槛石浮雕麒麟、凤凰、蝙蝠、鲤鱼跳龙门以及圆形方孔钱等图案，石柱础浮雕各种花草动物及暗八仙图案。徐氏宗祠始建于清咸丰年间（1851 ~ 1861），三进院落，砖木结构，青砖墙体，墙基及进门台阶均用青条石砌筑，大门两侧墙体改用红砖砌筑，小青瓦硬山顶。此外，村中尚有当铺、镖局、义渡、旗杆石等清代建筑遗存。

龙潭村习用酸鱼、酸肉等独具特色的侗族菜肴招待客人，还流行“送春牛”“舞春牛”等侗族传统习俗。每年农历立春，家家修整、打扫牛栏，用嫩草、米饭、糯米酒喂牛。晚上“舞春牛”，用竹篾做骨架，外面糊纸，做成牛头，用灰布缀以棉绒做牛身，上挂一朵大红花，两人提着写有“立春”二字的大灯笼在前面引路，二人合舞“春牛”，紧随后面是一群挑担荷锄的青壮年，边走边表演各种耕耘动作，如驱牛耕地、耙田、送肥、捉虫等，舞姿简朴粗犷，极富生活气息。

阳朔龙潭村调查（苏勇摄）

1. 阳朔龙潭村民居墀头文字“龙飞”（周有光摄）
2. 阳朔龙潭村民居墀头文字“凤舞”（周有光摄）
3. 阳朔龙潭村民居巷道（周有光摄）

1 | 2 | 3

1. 阳朔龙潭村进士牌匾（周有光摄）

2. 阳朔龙潭村民居门槛石钱文浮雕（周有光摄）

3. 阳朔龙潭村民居门墩石鲤鱼跳龙门浮雕（周有光摄）

4. 阳朔龙潭村民居柱础（周有光摄）

5. 阳朔龙潭村民居门槛石动物花卉浮雕（周有光摄）

1
2 3
4 5

# 阳朔留公村

位于普益乡留公村委。地处漓江河畔，三面环山，一面临水，环境幽雅，风景宜人。传说古时该村有一财主，对长工、丫环极其刻薄，仙人为惩罚财主，下凡对长工、丫环说，明晨财主家堂屋香案下将出两竹笋，竹笋乃龙角，教长工、丫环将竹笋掰断后即出走。长工、丫环依言而为，于是龙身滚动，财主家地陷，正屋、厨房、马房陷落后分别变成了清水、微浑、浑水三个潭。财主外嫁女儿闻讯赶回也被陷下，女婿乘马随后而至，有鸟鸣叫："留公不留婆，打马快回头。"女婿遂勒马返回，留得性命。该村因此得名为留公。

村落始建于明代成化年间（1465 ~ 1487），为多民族多姓氏聚居的村落，有黎、黄、朱、李、张等姓，分属汉、壮、瑶等民族，以黎姓为主，黎姓先祖于明末清初从湖南迁移来此定居。

村中街巷多用鹅卵石或青石板铺砌，现存传统民居建筑10座，始建于清代，一般为三进三开间二层楼房，砖木结构，青砖墙体，部分建筑有马头墙或弧形防火山墙，小青瓦硬山顶，窗棂、槅扇、门簪多有雕饰。

得月楼，临江而建，为漓江观景楼阁，始建于清康熙年间（1662 ~ 1722），取"近水楼台先得月"之意，同治十三年（1874）重修。楼高三层：第一层为拱形大门，由江边进村的青石道路从拱门穿过，第二层为四角楼阁式建筑，第三层为四柱歇山顶凉亭式建筑。楼阁二、三层四角为飞檐翘角，三层的飞檐上饰有飞龙雕塑。每逢节庆，村民们常来此观看桂剧、彩调。得月楼左后侧立有两组旗杆石，上有"同治壬申年立""廪贡生黎振倓"字样。



永享祠，为黎姓祠堂，建于光绪二十二年（1896），砖木结构，青砖墙体，马头墙式防火山墙，小青瓦硬山顶，飞檐翘角，青石门槛，木质门窗，雕刻精美。

应求宫，建于道光年间（1821 ~ 1850），为村中公共建筑，供奉有神像。

该村尚存太平天国记事碑、留公义渡碑和千年古樟。每年农历十月初十，是村民最重要的传统节日“十月香”，要请道教法师到应求宫念经做法，舞龙舞狮，演唱彩调，祈求平安，庆祝丰收。

阳朔留公村民居（周有光摄）

阳朔留公村漓江码头及得月楼（周有光摄）

阳朔留公村村史馆（周有光摄）

阳朔留公村（苏勇摄）

# 阳朔遇龙堡村

位于白沙镇遇龙村委，遇龙河从村西南流过。该村为多姓氏聚居的村落，有朱、何、封、林、苏等姓。其中朱姓为明靖江王宗室后裔，清朝初年桂林被攻陷后，迁移至此定居。朱家大院，高墙深院，有马头墙式防火山墙，建筑工艺精湛，尤其注重细部的精雕细凿。何家大院，与朱家大院相邻，建筑风格相似，但建筑体量稍小。村中重要的建筑，还有建于乾隆年间的武举人宅邸和建于嘉庆、道光年间的文举人宅邸。村内巷道多经过改造，使用青石或青砖铺设。民居建筑一般为三进三开间，两天井院落，大门多开在侧面；砖木结构，青砖墙体，门槛、进门石阶及墙基大多为青条石砌筑，小青瓦硬山顶，天井用青石板或鹅卵石铺砌。一民居内保存有道光二十六年（1846）兵部候选营副府苏森桐立的“口禄永彰”牌匾。原有旗杆石已被架设到村中井渠上。

遇龙河上的遇龙桥，建于明永乐十年（1412），2000 年被公布为广西壮族自治区文物保护单位。桥为圆弧形单孔石拱桥，拱券采用纵联方式砌筑，通长 60 米，宽 5.2 米，拱跨 19.3 米，拱高 8.8 米。桥面两侧设青石护栏，东、西桥堍各设 25 级和 30 级石阶。遇龙桥结构坚固，气势雄浑，拱跨为广西古代石拱桥之最，与平缓清澈的遇龙河及四周秀丽的田园风光融为一体，引无数中外游客流连忘返，乘竹筏漂流遇龙河已成为中国旅游名县阳朔的主打旅游产品。

2019 年，阳朔遇龙河旅游度假区获批成为国家级旅游度假区，也是广西首个国家级旅游度假区。

阳朔遇龙堡村民居（周有光摄）

阳朔遇龙堡村巷道（周有光摄）

阳朔遇龙堡村（苏勇摄）

阳朔遇龙河（周有光摄）

1
2 | 3
4

1. 阳朔遇龙桥（周有光摄）

2. 阳朔遇龙堡村遇龙书院（周有光摄）

3. 阳朔遇龙堡村遇龙书院内景（周有光摄）

4. 阳朔遇龙堡村民居柱础（周有光摄）

# 灵川太平村

位于潮田乡东北。村民多为秦姓，据传为初唐名将秦琼的后裔。先祖于南宋绍兴年间（1131 ~ 1162）从山东青州府历城南迁，经湖南而至今址，聚落成村，取名砖头村，20 世纪 50 年代改名太平村。

村落背靠青山，漓江支流潮田河从村南面流过，村中有千年古樟树和百年银杏树，并有明清时期的民居、祠堂、街巷、石桥、水井、碑刻等遗存。民居建筑保存较为完整，整体集中连片分布，具有岭南建筑特色，一般由堂屋、正房、厢房、天井组成。

秦氏宗祠建于清嘉庆十三年（1808），祠堂内立有落款大清嘉庆十三年的《众建祠堂碑记》碑刻。祠堂坐西向东，包括大门、前厅、中庭、大殿四个主要部分，砖木结构，青砖墙体，抬梁式木构梁架，小青瓦硬山顶。宗祠前厅为倒座的戏台，民国元年（1912）重建，祠堂戏台大门前墙体上有村民捐资修建戏台碑记。戏台为上下三层的砖木结构，青砖黛瓦马头墙，飞檐翘角花格窗，台前木雕戏曲人物故事及动物花鸟图案，精雕细刻，工艺精美。部分木雕于“破四旧”时被毁。祠堂门楼及祠内两侧开有多个拱形门。山墙墙体上尚有朱红色的毛主席语录。

千年古樟树位于村口，树旁的樟舟桥落成于 2012 年，桥头立有巨型原石，上面书刻“情重姜肱”并诗词一首，为近邻陂头村、华口村同族为恭贺太平村新桥落成而立，铭记了相邻村众之间朴实而深厚的情谊。

舞狮是该村的特色民俗活动，每逢节庆或重要活动都要举办。

灵川太平村（苏勇摄）

1. 灵川太平村秦氏宗祠大门（周有光摄）

2. 灵川太平村秦氏宗祠戏台（周有光摄）

3. 灵川太平村巷道（周有光摄）

1 | 3
2

1. 灵川太平村秦氏宗祠柱础（周有光摄）

2. 灵川太平村秦氏宗祠戏台人物木雕（周有光摄）

3. 灵川太平村秦氏宗祠戏台花鸟木雕（周有光摄）

1 | 2/3

# 灵川熊村

位于大圩镇北面，是兴安灵渠至大圩码头古道上的最后一个中转站。明清时期，由于灵渠水运不畅，官府选择构筑从湘南经全州、兴安、崔家、高尚、三月岭、熊村、大圩的陆路商道。明崇祯十年（1637）四月二十六日，徐霞客从兴安到桂林，路经熊村，盛赞此地“圩上聚落甚盛，不特山谷村夫，亦南中所少见者”。村落始建于宋代，熊姓先祖从江西迁来后，始称熊家村（大熊村）。随着中原文化南扩，南北文化商贸交往增多，尤其是湘桂古道开通，商贸经济发展繁荣，其他姓氏不断融入，遂更名为熊村，又称雄村。

村落布局别具风格，街巷迂回曲折，曲径通幽，计有大街小巷十余条，全部用青石板或鹅卵石铺成。街巷有大、小拱门各五个，其中大的石拱门有正德门、紫气门、德兴门等。另建在山包下的两条街道各有水渠穿过，各户门前皆以石板搭桥过水渠，形成独特景致的水街。传统民居建筑以明清风格为主，砖木结构，青砖外墙，部分墙体用泥墙，抬梁式木构架，小青瓦硬山顶。靠街巷的民居，一层原本都建有经商的铺面，现在仍可见到部分铺台遗存，可见当年商贾云集，繁盛一时。村中还有保存完好的湖南会馆、江西会馆以及凉亭等建筑。

1. 灵川熊村水街（周有光摄）
2. 灵川熊村巷道拱门（周有光摄）
3. 灵川熊村紫气门（周有光摄）

1
2 | 3

湖南会馆位于村北，始建于明代，两进三开间，砖木结构，建筑面积约 1 000 平方米。湖南会馆是当时湖南人在此休息停驻、互通信息、经商会友的场所。

濒临水街和小河边的空地上尚存石狮一只，狮子呈蹲踞状，张口抬头，眼睛、鼻子朝上，脖子带项圈系铃铛。

村旁 200 米处有石拱桥横跨马河，为沟通海洋乡与桂林之间交通要道，沿途曾经有石板路，现大多已损坏。桥始建于明代，为半圆形五孔石拱桥，拱券采用纵联方式砌筑，长 47 米，宽 5.25 米，高 4.5 米，拱跨 6.9 米，拱高 3.55 米。马河两旁绿树成荫，环境幽清，五孔倒影在宁静的水面，如五轮明月整齐排列，颇具美感。

熊村古建筑群于 2015 年被公布为灵川县文物保护单位，2017 年被公布为广西壮族自治区文物保护单位。

熊村有“要众亲”的习俗，每年大年初四，村民舞狮拜年，互致问候，热闹非凡。

灵川熊村石狮（周有光摄）

# 灵川路西村

位于定江镇宝路村委。又称路莫村，村民多为莫姓，先祖于清代由江西吉安杏花村迁移至此。

村内现存部分清至民国时期民居建筑，集中分布在村子中心区域。居民一般为砖木结构，青砖墙体或泥砖墙体，部分墙体因破旧倒塌而被改用红砖，小青瓦硬山顶。村中尚存贡士亭、凉亭、水井、旗杆石等清代遗存。贡士亭建于清乾隆六年（1741），因村里龚姓人家有人考取贡士，特建亭以资庆贺。

1938 年 10 月，广州、武汉相继失陷，桂林成为联结西南、华南、华东、香港及南洋的重要交通枢纽。经周恩来与白崇禧面商，国民党桂系同意八路军在桂林设立办事处。11 月中旬，李克农率武汉八路军办事处的部分工作人员到达桂林，租用原桂北路 138 号（现中山北路 144 号）黄旷达的"万祥醋坊"作为办公地点，并在市北郊路莫村（灵川路西村）设立军需物资转运站。转运站以莫氏宗祠为救亡室，陶永宪私宅为电台室，还租用其他民房办公或用作工作人员住房。叶剑英、徐特立、叶挺、郭沫若、李达、范长江等都在此工作过；李克农在此接受南洋华侨捐献的汽车和锦旗。八路军桂林办事处及军需物资转运站联络海外爱国华侨募捐支援抗战，积极为八路军、新四军筹集、转运各种军需物资，为抗战发挥了不可替代的作用。民国三十年（1941）1 月，因"皖南事变"，八路军桂林办事处撤回延安，路西村物资转运站也随之撤销。

救亡室旧址建筑面积 136 平方米，是由头门、天井、正厅和东西厢房组成的四合院式砖木结构建筑，原建于民国十九年（1930）。救亡室类似现在的俱乐部，这里是办事处工作人员学习、生活、娱乐的地方。越南共产党领袖胡志明化名胡光，曾以八路军二等兵的身

灵川路西村八路军桂林办事处物资转运站救亡室旧址（周有光摄）

灵川路西村八路军桂林办事处物资转运站电台室旧址（周有光摄）

份一直在此从事秘密工作，并担任过救亡室主任。救亡室里经常有各种形式的报告会和文娱活动，其中最多的就是一些自编自导、反映抗战的小品和戏剧。

电台室旧址建筑面积 142 平方米，是由头门、主屋、东西厢房和天井组成的三合院式砖木结构建筑，原建于清光绪二十九年（1903）。

龙王庙建于清嘉庆年间，是一座由头门、天井、正厅和东西耳房组成的四合院式砖木结构建筑。

1939 年 2 月 16 日，周恩来代表中共中央赴皖南指导新四军工作时途经桂林，在新四军军长叶挺、办事处处长李克农陪同下来到路莫村，在龙王庙向办事处全体人员以及桂林部分地下党员和进步文化人士 200 多人传达中共中央六届六中全会精神，并作了长达 3 小时的《目前形势和任务》的报告。随后，叶挺将军也做了讲话。

1996 年，八路军桂林办事处旧址（包括路莫村军需物资转运站）被公布为全国重点文物保护单位。

灵川路西村龙王庙（周有光摄）

灵川路西村龙王庙内景（周有光摄）

# 灵川长岗岭村

位于灵田镇东北，地处海洋山麓。村落始建于宋代，村民以莫姓、陈姓为多。明清时期，由于灵渠水运交通繁忙拥堵，长岗岭村成为从兴安经高尚进入桂林或漓江大圩码头的交通要道，北通兴安、全州至湘楚，南下桂林达梧州至广东。长岗岭村陈姓、莫姓村民利用地理优势，通过贩运食盐、桐油而暴富，该村一度成为桂林灵川、兴安一带的富豪村，享有“小南京”的美誉。富裕起来的村民，纷纷置办家业，兴建房屋宗祠。

长岗岭古民居群坐落在山坡上，呈弧形布局，依缓坡而建，递进相连。五福堂、莫氏宗祠、卫守府、大夫第、别驾第屹立村前，莫府、陈府等大宅院依山势渐次递进，从远处望去，层层叠叠，错落有致。该村现存明至民国时期的民居建筑100余座，其中明代民居建筑为泥墙木结构，清代民居建筑则多为青砖包墙木结构，均为小青瓦硬山顶，多为两至三进。每座建筑一般为三开间，规模较大的有五开间，侧面有横屋，每进之间有天井，用规整的青条石铺砌；石础、槅扇、窗棂、神龛、桌椅、牌匾、床柜等，均雕凿有各式装饰图案，玲珑剔透，工艺精湛。每座建筑均有防火山墙，每座民居及整个村庄均有设计精巧的暗道排水系统。

清康熙年间（1662 ~ 1722），陈焕猷继承父志经营食盐成为灵川巨富，乾隆二十七年（1762），灵川知县王雨溥为其立匾“乐善不倦”，原匾至今还挂在长岗岭卫守府第三进大堂中。陈焕猷幼子陈大彪，为保护其盐业利益，其母莫氏出巨资为其以武邑庠的资格捐得正六品卫千总，其宅邸俗称卫守府。莫氏宗祠为长岗岭村莫姓家族祠堂，建于清道光年间（1821 ~ 1850），民国十四年（1925）和20世纪80年代曾进行过维修。宗祠坐北朝南，占地面积200平方米，由门厅、享堂组成两进一院布局，为小青瓦硬山顶结构，人字坡屋面，面阔三间，门厅为上下两层，享堂为抬梁式木构架。村外有村里族人的墓葬 70 余座，石雕精美。

长岗岭村南面现存明清时期的三月岭古道，古道上还有石拱桥和供路人休憩的凉亭。古道一端连长岗岭村，一端连东庄村，长约 4 千米，为兴安通往桂林古道的一段，史称“兴（安）、灵（川）、临（桂）三县要道”，山路崎岖，舆马难行。清光绪三十三年（1907），署灵川知县梁振麟勘界过此，改名为三叠岭，并嘱长岗岭村莫崇玖加以修缮。古道用当地山岭上大小不一的石块和溪流中的各色卵石铺筑而成，道旁古松林立，传说也是当时所栽种。古道的南北两端各有凉亭一座，北端为五里亭，建于光绪三十一年（1905），为莫崇玖遵其母命捐建，并“购田八亩，给佃供茶”，免费施茶给过路客商；亭为砖木结构，占地面积 52.8 平方米，对开有两个拱门，古道从拱门穿亭而过。南端为太白亭，建于民国二十二年（1933），由东庄村民捐资兴建；亭为硬山式砖木结构，南北两侧墙对开石拱门，古道从拱门穿亭而过。三月岭古道和凉亭是桂林现存比较完好的古代道路交通设施，对研究地方交通史和建筑史有重要价值。

2006 年，长岗岭村古建筑群与江头村古建筑群被国务院合并公布为全国重点文物保护单位。2009 年，灵川长岗岭商道古村生态博物馆建成。

1. 灵川长岗岭村远景（苏勇摄）

2. 灵川长岗岭村（苏勇摄）

3. 灵川长岗岭村文物保护调研现场（周有光摄）

1

2 | 3

灵川长岗岭村卫守府（周有光摄）

灵川长岗岭商道古村生态博物馆（周有光摄）

灵川长岗岭村莫氏宗祠（周有光摄）

1. 灵川长岗岭村民居窗雕（周有光摄）

2. 灵川长岗岭村民居“仙鹿灵芝”木雕（周有光摄）

3. 灵川长岗岭村民居大门铺首衔环（周有光摄）

1

2 | 3

# 灵川迪塘村

位于灵田镇四联村委。村民多为李姓，明洪武年间迁居于此。明末有李膺品，灵田迪塘人，家故富饶，为崇祯十六年（1643）进士；明亡后，散金养士，从何腾蛟于湖南抗清，南明时授兵部左侍郎；桂林沦陷后，复倡议阻险，伺机以图光复，后为清将线国安攻破，入五指山自尽殉国。其子皆遵父志，不仕于清，故后人无以功名显者。

村中现存明清时期民居建筑100余座，多为三开间、两至三进，砖木结构，小青瓦硬山顶。门窗槅扇均雕刻有各类吉祥图案，堂屋内地面铺有菱形、网格形、回形等纹饰的防潮地砖，外墙用砖镶成镂空的福、寿、双喜字样。其中最精致的建筑是绣楼，为两层结构的回形建筑，四面是房屋，中间是天井，天井内放置各种盆景，并堆叠一座假山；一楼和二楼有楼梯及回廊相连，回廊外侧有吊楼；花窗和门檐上雕刻有各种花草与动物图案；绣楼的圆柱上挂有对联牌匾，门框两侧漆有诗句。矗立村口的门楼名培风楼，为一座民国时期的风水楼。依山而建，两层砖木结构，二阶马头墙，小青瓦硬山顶，占地面积25平方米，20多级台阶穿楼而过。一楼东西开拱形门洞，东面门洞上有“毓水培风”四个鎏金大字，四周装饰龙凤花草图案。二楼墙壁有油饰彩画，南北两面各开两扇圆拱形窗，东面并列四个拱形木窗。门前立有记载门楼历史的石碑。李膺品故居已毁，唯存有拴马石和李氏宗祠内所亲立匾额。 李氏宗祠位于村口，为两进一天井院落，砖木结构。前座为三阶马头墙，后座为蜈蚣山墙，两侧开拱形门。

迪塘民居于1995年公布为灵川县文物保护单位。

灵川迪塘村（苏勇摄）

灵川迪塘村李氏宗祠（周有光摄）

灵川迪塘村“毓水培风”门楼（周有光摄）

1. 灵川迪塘村绣花楼（周有光摄）

2. 灵川迪塘村民居（周有光摄）

3. 灵川迪塘村绣花楼门窗雕饰（周有光摄）

1
2 | 3

# 灵川老寨村

位于九屋镇东源村委，地处灵川、兴安、龙胜三县交界，是灵川县典型的语言、服饰、风俗习惯、生态资源等保存最完整的瑶族村寨之一，村民均为赵姓。明末清初，其先祖为躲避战乱从广东韶州府罗昌县迁居于此，聚居而成村落。

现存民居建筑 50 余座，均为木结构干栏式建筑，多为 20 世纪七八十年代后所建，依山势高低布局，主要采用本地天然木材建成。由于瑶寨处于深山，交通不便，受外界影响较小，老寨的木结构建筑保存较为完好，村巷尺度及村落传统风貌也保存较好。2015 年，新寨、老寨瑶族古建筑群被公布为灵川县文物保护单位。近年在村口新建了寨门和风雨桥，村中巷道改用规整的青石板铺设。

瑶族村民在生产、生活中，创造了具有民族特色的瑶族舞蹈——长鼓舞。瑶族长鼓，又称花鼓，为古代细腰鼓类乐器之变体。跳长鼓舞时，左手执鼓腰，右手拍击，边击边舞；也可系绳斜挂于肩上，双手拍击，奏法较多，民间有“三十六套”之说；常在节日和喜庆活动中使用。瑶族长鼓舞被誉为“民族艺术之花”，深为瑶族同胞喜爱。关于瑶族长鼓的起源有不同的传说，长鼓形似抖槌——抖槌是古代瑶族同胞用以追打猎物、驱赶野兽的武器，瑶族人民将长鼓制作成抖槌的形状，蒙以兽皮，编以舞蹈，体现了瑶族人对图腾的崇拜，对祖先的信仰。长鼓舞还可增强瑶民生产劳动的热情，增强他们与恶劣山地环境以及邪恶势力作斗争的勇气。每年在祭祀祖先的节日时，村民穿着节日的盛装，共同跳起长鼓舞，表达对祖先的怀念及对美好生活的祈愿。上百年来，老寨村一直延续着跳长鼓舞的习俗。瑶族长鼓舞现已被列入灵川县非物质文化遗产名录。

灵川老寨村（苏勇摄）

灵川老寨村门楼（周有光摄）

灵川老寨村民居（周有光摄）

灵川老寨村民宿（周有光摄）

# 灵川溶流上村

位于三街镇溶流村委，地处国道 G322 桂黄公路西侧。村落形成于明代，曾为瑶族村落，现村民以汉族为主。据该村族谱记载，明成化七年（1471），有山西太原人李姓者任官广西，辞官后来此定居，开枝散叶，形成了现在的溶流上村。

村内巷道用青石板铺砌，具有较好的散水功能。传统民居建筑多为一进或两进三开间，砖木结构两层楼房，青砖墙体，有些墙基用鹅卵石砌筑，马头墙式防火山墙，墙体上或开有琉璃气窗，小青瓦硬山顶，有翘角屋檐，部分室内地面铺设青石板，古朴典雅，具有本地建筑风格与徽派建筑风格相融合的特点。村中保留有货栈、闺楼、石鼓等明清时期建筑遗存。闺楼为两层砖木结构楼房，一层楼下为通道，建于清代，为当时大户人家闺女住房。

部分村民一直从事并传承着竹编技艺，用竹编制成竹工艺品和竹家具。

每年农历三月清明节，村里都要举行城隍爷出府游行的祭祀活动。活动由当地会首每年轮流主办，请道士吹打念经，用大轿将庙内的木头城隍（人偶像）抬出，前呼后拥，鸣锣开道，祭祀三天后方才抬回原处。

灵川溶流上村（周有光摄）

灵川溶留上村民居（周有光摄）

灵川溶留上村民居山墙（周有光摄）

灵川溶留上村巷道（周有光摄）

灵川溶留上村民居马头墙（周有光摄）

1 | 2
3

# 灵川上桥村

位于大圩镇上桥村委。上桥指村子西面和南面的两座石拱桥，村因桥而得名。据村中碑刻记载，西面桥名为马蹊桥，南面桥名为关龙桥，均建于明弘治年间（1488 ~ 1505），为兴安经灵川至桂林古道上的两座桥梁。村民多为李姓，祖籍山东青州益都，先祖李伯通为躲避战乱，于元至正年间（1341 ~ 1368）由湖南迁居灵川灵田混元村。明万历年间（1573 ~ 1620），有李世祥、李友祥兄弟复迁居大圩高桥村，清乾隆时改名上桥村。清乾隆三十年（1765），村人李若杏中举人，任官山东城武县知县，颇有政声。

村中现存四大民居、四大祠堂、一座孔庙、一座关帝庙、两座石拱桥等明清时期建筑遗存，还有千年古樟、古枫等古树名木。大庆祠始建于明代，建筑面积约 300 平方米，砖木结构，青砖墙体，小青瓦硬山顶。常庆祠始建于明代，墙上镶嵌两块石碑，碑文落款分别为“乾隆二十六年”“乾隆五十四年”，主梁上墨书“光绪十八年重修”字样。孔庙始建于明代，后改为李氏宗祠，整体建筑损毁严重，尚存青石大门、八棱形石柱及部分大殿建筑。关帝庙位于村落南面，始建于清乾隆五十八年（1793），原为三开间两进院落，硬山顶砖木结构建筑，穿斗式构架，庙内供奉关公塑像。现仅存一进院落，关公塑像也不复存在。庙内现存碑刻九方，其中一块石碑上记载“关帝庙，道光九年（1829）乙丑重修……”马蹊桥横跨马河，为兴安高尚经灵川海洋到桂林古道上的一座桥梁，灵川县文物保护单位，始建于明弘治年间，清嘉庆年间（1796 ~ 1820）重修。桥为半圆形双孔石拱桥，拱券采用纵联方式砌筑，全长 15 米，宽 5.2 米，高 5.45 米，单孔拱跨 9.2 米，拱高 4.9 米。桥面铺方整石板，东、西两端桥堍分别长 9 米和 7.4 米，两端均有石阶各 13 级，台阶两端有挑手，各长 2.2 米，西桥头相对两侧各有 8 级石阶，与桥相连的古道宽 1.8 米。关龙桥位于上桥村口，为双券拱石桥，建于清乾隆四十八年（1783），桥宽 3.8 米，高 4.7 米，拱高 4.1 米，单拱跨度 6.3 米。

灵川上桥村关龙桥（周有光摄）

灵川上桥村民居（周有光摄）

灵川上桥村门楼（周有光摄）

灵川上桥村大庆祠（周有光摄）

灵川上桥村马蹊桥（周有光摄）

# 灵川毛村

位于大圩镇廖家村委。原名矛村（茅村），秋陂江从西北的灵田纵贯南下，至村西折而东南汇入漓江。村民多为黄姓，祖籍福建邵武。先祖黄峭山，唐乾宁三年（896）进士，历官工部侍郎，其第六子从福建迁广东，其中一支于明朝初年从广东南海县迁居灵川毛村。据《桂林毛村黄氏族谱》记载，毛村黄氏启祖黄冬进“自大明来粤西，遂入籍焉”，“原籍广东省广州府三水县人氏（今广州三水区），自往广西桂林临桂东乡富家庄马山，居于网山之下。因民乱兵伐（清初‘三藩之乱’），逃至茅茼洲（南距毛村500余米的牛河之滨）。所生儿子，长子居平乐府恭城县白洋江山背，土名黄瑶河；次子随父生子在茅茼洲，改地名茅村。捕鱼为业。子嗣森森，分作四房……”村民世代为船家，以捕鱼为生，信奉妈祖。

村内有黄氏祖庙圣母宫，始建于明末清初，清乾隆、同治年间代有重建，民国时期曾为临桂县大圩区万正乡治所及小学校址。建筑坐东朝西，三进两天井院落，三开间砖木结构，古朴典雅，为粤式建筑风格，所用彩色釉陶为佛山制品。大门上方有“圣母宫”石匾，门槛和柱础上浮雕动物花鸟图案，墙体上彩绘人物故事图案。第一进为参祀人员活动场所，第二进供奉天妃圣母塑像，第三进设神台，奉祀先祖峭山公与上官氏、吴氏、郑氏三位太婆及毛村历代先祖神位。宫内至今仍保留着清代各种碑刻30多件。2015年，圣母宫被公布为灵川县文物保护单位；2017年，公布为广西壮族自治区文物保护单位。

毛村黄氏后代分为四房，各房均另建宗祠，民居围绕各自宗祠布局。村中现存古寨门及寨墙一段，始建于清代，用青石砌成。村中尚存一塘二井四溪十八拱的历史风貌。中共东乡区委活动旧址（党支部旧址）位于毛村一座普通民宅内，现已被列为大圩镇革命传统教育基地。

灵川毛村（苏勇摄）

灵川毛村圣母宫（周有光摄）

灵川毛村大房宗祠（周有光摄）

1. 灵川毛村民居古树石拱桥（周有光摄）
2. 灵川毛村圣母宫门墩石一（周有光摄）
3. 灵川毛村圣母宫门墩石二（周有光摄）
4. 灵川毛村圣母宫柱础一（周有光摄）
5. 灵川毛村圣母宫柱础二（周有光摄）

| | |
|---|---|
| 1 | |
| 2 | 3 |
| 4 | 5 |

# 灵川新寨村

位于九屋镇东源村委，地处灵川、兴安、龙胜三县交界处。新寨村是灵川县语言、服饰、风俗习惯、生态资源等保存最完整的典型的瑶族村寨之一，村民多为赵姓、冯姓。明末清初，赵姓先祖为躲避战乱，从广东韶州府罗昌县迁移至灵川老寨定居，后因人口繁衍增多，部分外迁至新寨，聚居而成村落。

现存民居建筑50余座，均为木结构干栏式建筑，多为20世纪七八十年代后所建。另有木结构粮仓多座。村东南侧建有盘王庙，相传始建于明朝末年（具体时间不详），是供奉瑶族祖先盘王的庙宇，也是村民祭祀、祈福的重要场所。建筑坐西朝东，歇山顶，纯木结构，干栏式建筑，采用穿斗抬梁混合式构架。庙前立有清光绪年间《永远照禁》石碑。村前建有风雨桥，原长14.2米，宽3.1米，中间为廊道，两侧布置休息长凳，不设桥墩，桥梁直接架设在两岸原生石之上，桥面用杉木板铺设，桥廊大梁上书"公元一九五三年"，说明当年曾进行过维修。2019年7月7日，暴雨山洪将风雨桥冲毁。1934年12月，红军长征过桂北，曾经过灵川老寨、新寨所在山区，翻越地处灵川、兴安、龙胜三县交界的才喜界。2015年，新寨村、老寨村瑶族古建筑群被公布为灵川县文物保护单位。村子四周，峰峦叠嶂，林海飞瀑，云雾迷漫，层层梯田与依山而建的长廊相辉映。

瑶族祖先在生产、生活中，创造了具有民族特色的瑶族舞蹈长鼓舞。每年在祭祀祖先的节日时，大家穿着节日的盛装，共同跳起长鼓舞，表达对祖先的怀念及对美好生活的期望。上百年来，新寨村一直延续着跳长鼓舞的习俗。瑶族长鼓舞现已被列入灵川县非物质文化遗产名录。

灵川新寨村（苏勇摄）

此外，舞草龙也是“六月六”尝新节新寨村瑶族传统祭祀活动之一。

刺绣是瑶族妇女特有的一门传统手艺，新寨村瑶族刺绣是用手工在靛蓝色的布上进行挑制，反面挑花正面看，具有独特的民族特色。

灵川新寨村民居（周有光摄）

灵川新寨村寨门（周有光摄）

灵川新寨村风雨桥（周有光摄）

灵川新寨村调查（周有光摄）

# 灵川大桐木湾村

位于海洋乡大庙塘村委。村民多为唐姓，祖籍湖南永州零陵，清乾隆初年由全州迁至此地。

村中现存民居、门楼、巷道、石板路、古井、石坊等清代建筑遗存。民居建筑多为三开间、二进至三进，每进之间有天井；砖木结构，青砖墙体，小青瓦硬山顶。保存较为完好的是清监生唐亨琦的祖屋，建于乾隆晚期，房屋中牌匾、窗棂、槅扇、神龛、桌椅、床柜、石磨、石缸等均雕饰各种吉祥图案，玲珑剔透，栩栩如生。唐亨琦，清咸丰举人，才华出众，品学兼优，同治、光绪年间被清廷分别授予国子监太学生和贡生，村前尚存两对为唐亨琦所立旗杆石，石上镌刻相关文字内容，并雕有麒麟、蝙蝠、荷花、凤凰等图案。该村有重文好学之风，民国年间，村民集资兴建了“状元楼”，作为村里的私塾学堂。状元楼位于村口，也是村子的门楼，民国建筑风格，上下两层，砖木结构，券拱形门窗，至今保存完好。门楼和旗杆石之间的地面用卵石镶成八卦、鲤鱼等图案。巷道用青石板或鹅卵石铺砌。村中现存四口青石大水缸，每口水缸均由五块大石板拼砌而成，俗称“太平缸”，用于蓄水防火。村口古井始建于清嘉庆年间（1796 ~ 1820），同治元年（1862）重修，因常年使用，井口留下了 50 余道深深的井绳印痕。大桐木湾村古建筑群于

2009 年被公布为广西壮族自治区文物保护单位。村庄附近还有明心寺、湘漓二水之源等人文古迹。

村庄四周银杏密布，其中最大的一棵树龄已近千年，树干直径达 1.6 米，树高 40 余米，人称“白果王”。每至深秋，全村一片金黄，成为一道独特的风景，引无数游人纷至沓来。村中传承着桂剧、彩调等非物质文化遗产，每逢节庆，村民还常常开展对唱山歌活动。

灵川大桐木湾村远景（苏勇摄）

灵川大桐木湾村（苏勇摄）

灵川大桐木湾村村口（周有光摄）

灵川大桐木湾村游客服务中心（周有光摄）

灵川大桐木湾村银杏林（周有光摄）

1. 灵川大桐木湾村门楼（周有光摄）

2. 灵川大桐木湾村巷道（周有光摄）

3. 灵川大桐木湾村旗杆石（周有光摄）

4. 灵川大桐木湾村古井（周有光摄）

5. 灵川大桐木湾村民居天井（周有光摄）

1 | 2 | 3
4 | 5

# 灵川宅庆村

位于灵田镇正义村委。村民多为黄姓，先祖于北宋时期（960 ~ 1127）自江西经广东迁居到灵川大圩，再于明朝永乐年间从大圩迁徙至此安家立寨。开村时取名宅背村，清嘉庆十七年（1812）改名为纛麓村，1949 年后更今名。

该村历史上做官的不多，但有不少高宅大院。现存传统民居建筑 29 座，另有黄氏宗祠、黄氏大院、书院遗址。清代民居建筑均为砖木结构，多为三进两天井院落，有着高翘的马头墙、精致的雕花窗、坚固的料石墙基、耐用的青砖黛瓦，部分民居室内置圆拱形门或六边形门，竹节门框，雕刻精美。黄氏宗祠始建于清代，为先祖黄继修考取功名为官后捐银修建，意在鼓励黄族子弟奋发图强，考取功名。宗祠原为砖木混合承重，青砖墙体，三阶马头墙，盖小青瓦。宗祠在“文化大革命”期间失火被毁，今宗祠由旅居美国的族人捐资重建，由于村里已经有其他姓氏的居民，因此更名“村族和堂”，体现了村里的和谐。黄氏大院位于村落入口不远处，建于清嘉庆年间，三进两院带门楼砖木结构，是宅庆村最具代表性的民居建筑，占地面积约 380 平方米，大门上书“举人门第”“寒窗攻读春燕舞，蟾宫折桂夏牛飞”对联，天井全部用青石板铺就，槅扇门窗装饰木刻书画或“富贵长寿”“喜庆”等篆书文字。书院原为清嘉庆六年（1801）举人、曾任四川万县知县黄继修捐建，在“文化大革命”时被焚毁，现仅剩残垣基址。村中还立有旗杆石，上面书刻“嘉庆元年辛酉科中式第三十二名黄继修立”。村口有当代村民自立的《学子录》碑刻，将本村自清代以来学而有成的学子姓名刻录其上，供大家学习共勉，体现了村民重文好学的风尚。村落周边古树参天，村口尚存单拱石桥一座。

彩调、舞狮、古榨油技艺是该村重要的非物质文化遗产。宅庆村彩调队自中华人民共和国成立初组建，以老带新，常演常新，传承不断，深受村民喜爱。每逢佳节或集会庆典，村民都以舞狮助兴，在表演过程中，舞狮者要以各种招式来表现南派武功。宅庆村舞狮队素以女子舞狮出名，刚柔相济，让人耳目一新。

灵川宅庆村石拱桥（周有光摄）

灵川宅庆村巷道（周有光摄）

灵川宅庆村民居八角形门（周有光摄）

灵川宅庆村民居内景（周有光摄）

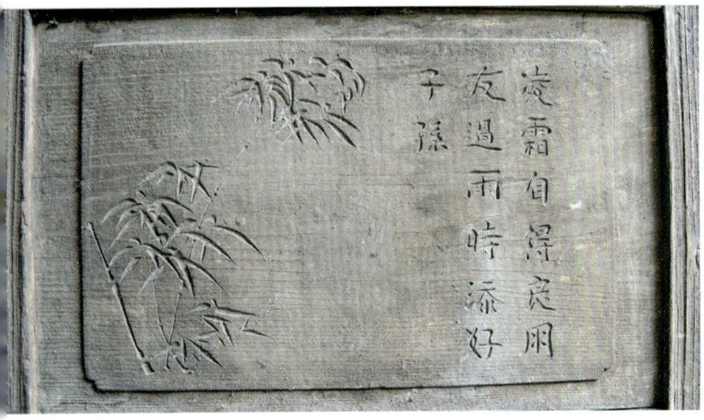

1. 灵川宅庆村黄氏大院（周有光摄）

2. 灵川宅庆村黄氏大院槅扇门窗书画装饰（周有光摄）

3. 灵川宅庆村黄氏大院槅扇门窗文字装饰（周有光摄）

1
2 | 3

# 兴安水源头村

位于白石乡鳌头村委，距湘江发源地约 2 千米。村民均为秦姓，祖籍山东，传说为唐代名将秦琼后裔，村名因之又称秦家大院。明洪武年间，秦姓先祖为官被贬，携带家人移居湖南，后迁至灵川水头而分两支，一支居灵川海洋，一支居兴安水源头村。村名由来有二：一是村落由灵川水头村迁来，取名水源头是为纪念原来的水头村；二是村落地处湘江源，且湘江源有一支水流流经此地。

村中民居建筑集中成片分布，均为长方形封闭式院落，主要建于清乾隆年间。正门三开间，砖木结构，青砖外墙，小青瓦硬山顶，门额悬挂清嘉庆十三年（1808）为武举人秦正洛立“武魁”牌匾。大院内整齐排列着 20 多栋相对独立又有连廊相互联系的民居建筑，多为两进至三进、三开间带天井院落，砖木结构，青砖外墙，墙基砌筑青白料石，有马头墙式防火山墙，小青瓦硬山顶或悬山顶。建筑装饰也比较讲究，门簪、槅扇、窗棂、梁枋、柱础等多雕刻有精致的吉祥图案。门额多有寓意吉祥的文字装饰，如“紫气东来”“吉门余庆”“永振家声”等。村中巷道使用青石板铺设，规整平齐。金盆桥是水源头村连通外界的必经之路，建于清乾隆年间（1736 ~ 1795），为单孔石拱桥，桥身用青条石砌筑而成。出村过金盆桥，有村庙遗址，原庙中供奉庙王、小鬼和判官，每逢祭日或遇干旱等自然灾害，村民都会来此祭神祈福、祷告求雨，祈求神仙保佑，风调雨顺，平安健康。村中还有祠堂、戏台、鸳鸯井、旗杆石等遗存。村口有一株银杏树，由七个分枝组成，树形奇特，树龄达 300 多年。村中还立有桂北游击队高源部队武装斗争纪念碑。水源头村古建筑群于 2009 年被公布为广西壮族自治区文物保护单位。



贺郎歌又称花烛诗，流行于桂北兴安、全州、灌阳、资源、灵川、龙胜、临桂等地，是人民群众祝贺新郎娶亲闹洞房时咏唱的民间歌谣。由来庆贺的客人轮番领唱，众人帮腔，贺郎婚仪分贺郎、移花、送郎三部分。贺郎，即让新郎端坐堂前，两边由两个未成年的小男孩（夹婿郎）陪伴，众人赞颂，祝贺新郎。移花，即新郎、新娘抬油茶敬谢客人后，领唱人手拿鲜花，带着新郎堂上堂下谢客，花到哪里，唱到哪里。送郎，是贺郎歌的高潮，众人簇拥新郎走向洞房，洞房内由几位歌手故意闩上房门不让进去。歌手隔门对唱，最后才开门让新郎入洞房。贺郎歌于 2008 年被列入自治区级非物质文化遗产代表性项目名录。水源头村也流行贺郎歌习俗，新婚拜堂、喜宴结束后，亲友即兴现编贺词唱贺郎歌。亲友唱一首，新郎喝一杯酒，唱到半夜送新郎入洞房。进房后唱歌闹洞房，由“恭贺新郎酒一杯”唱到“十杯”，新郎依次喝酒，然后唱《交欢酒》，新郎、新娘同饮一杯酒。最后，歌手唱《扣门歌》结束婚礼。

1. 兴安水源头村（苏勇摄）

2. 兴安水源头村民居的小青瓦顶（周有光摄）

3. 兴安水源头村巷道（周有光摄）

1 2 3

1. 兴安水源头村文物保护项目检查组在秦家大院门楼前合影

2. 兴安水源头村大门（周有光摄）

3. 兴安水源头村民居及桂北游击队高源部队武装斗争纪念碑（周有光摄）

1
2 | 3

1. 兴安水源头村民居天井及石水缸（周有光摄）
2. 兴安水源头村民居门墩石浮雕一（周有光摄）
3. 兴安水源头村民居门墩石浮雕二（周有光摄）
4. 兴安水源头村门楼牌匾（周有光摄）
5. 兴安水源头村民居槅扇装饰（周有光摄）

| | | |
|---|---|---|
| | 1 | 4 |
| 2 | 3 | 5 |

# 兴安菜子岩村

位于高尚镇东河村委。村民均为朱姓，为明靖江王宗室后裔，为躲避战乱，先祖朱任举携第四子朱履贵于清康熙元年（1662）迁居于此。

村落呈带状布局，北高南低，北面为住宅，南面为农田，中间有道路分隔。民居建筑依后龙山缓坡而建，村内街巷皆铺设有鹅卵石或青石板。现存传统民居建筑 20 余座，整体坐北朝南，砖木结构，青砖或土砖外墙，有马头墙式防火山墙，沿街墙面开有瞭望孔和射击孔；小青瓦硬山顶，梁柱粗大，石质柱础。民居平面布局多呈“凹”字形，由房屋和围墙组成封闭的空间，里面有堂屋、厢房和天井庭院。建筑装饰精美，各类石雕、木雕样式繁多，窗棂、槅扇多雕饰花鸟虫鱼图案，部分建筑挑檐梁上的托峰雕刻麒麟瑞兽。房屋除了大门，对外只开少数小窗，采光主要依靠天井，天井铺设有巨大的青石板。有些民居内还保存有雕饰各种花草图案的香案、条凳和洗漱架等清代遗物。朱氏宗祠为硬山顶盖小青瓦的砖木结构建筑，大门门头之上彩绘仙鹿灵芝图案，祠内木柱石础，石础上浮雕花草、动物及文字。天井里有古水缸一口，用青石板镶砌而成。墙体上镶嵌清代、民国时期的石碑三通，内容为宗祠建造历史、村规民约、调处山场纠纷等。

村内古树参天，百年银杏古树有 100 多株。

兴安菜子岩村民居及宗祠（周有光摄）

兴安菜子岩村朱氏宗祠彩绘（周有光摄）

兴安莱子岩村（苏勇摄）

1. 兴安莱子岩村朱氏宗祠石水缸（周有光摄）

2. 兴安莱子岩村朱氏宗祠柱础一（周有光摄）

3. 兴安莱子岩村朱氏宗祠柱础二（周有光摄）

1
2 | 3

# 兴安山湾村

位于高尚镇东河村委，地处湘江源头，上桂河支流河畔。村中古树成林，百年以上古银杏400多株。村民多为蒋姓，祖籍江西弋阳，唐代中叶迁徙于此。据村民传说，先祖迁此后立志苦读，成为兴安有名的书香世家，子孙科举高中进入仕途者甚众。该村历史上颇出名人，并创办了位于潭美田屯的和松书院和位于宅美屯的立鳌书院。

该村现存传统民居建筑70余座，属桂北民居风格，青砖黛瓦，杉木构架，木雕门窗，山墙造型多样。村中主巷道用规整的大青石板铺设，巷道两头立有门楼。小巷道地面使用鹅卵石铺砌。其中一座民居大门上的四个门簪刻有“忠厚传家”四字，村前河岸边上有为清光绪三十二年（1906）国学生蒋树勋立旗杆石。村中的古井以及村旁的古道、古桥等历史遗存，结构完整，保存完好。

解放战争时期，这里曾是桂北游击队的根据地，村中出了四名桂北游击队战士，其中一名为国捐躯。

舞龙、舞狮是该村重要传统民俗，人们把龙看作吉祥的化身，舞龙以祈求风调雨顺，四季丰收；舞狮则可以驱邪避鬼，求得四季平安。该村还传承着彩调、马仔调等非物质文化遗产。马仔调是流传于兴安县的汉族民间歌舞，一般由三人表演：一名男子骑白马（生角），一名女子坐手推车（旦角），一名推车老汉（丑角）。男子骑的白马、女子坐的推车都是竹编纸糊或用绸布绷蒙在竹架子上，纸或布上绘马眼马鼻、装上马尾，推车上绘车轮车身、装上推把。车、马中间留有可容一人站立的空间，表演者站在其中将竹制车、马固定在腰部或肩部，跑跳起来，犹如坐在车中、骑在马上行进。常见的形式是生、旦二角扮作农村新婚夫妻回娘家，推车老汉随行，大家在锣鼓声中载歌载舞，做上坡、下坡、过桥、涉水、转弯等动作，沿途嬉戏逗乐，别有情趣。2007 年，马仔调被列入桂林市市级非物质文化遗产代表性项目保护名录。

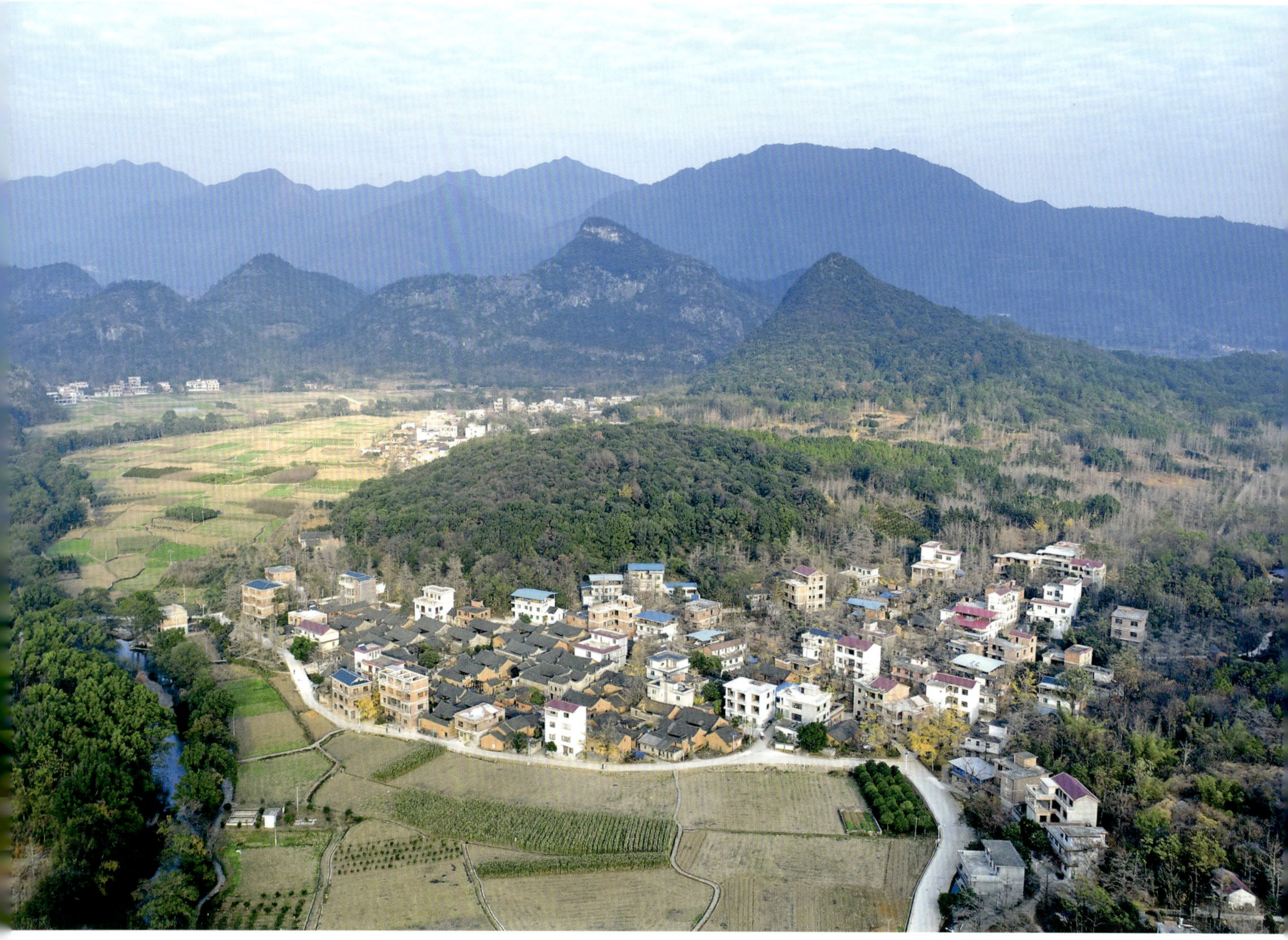

1. 兴安山湾村（苏勇摄）

2. 兴安山湾村民居（周有光摄）

3. 兴安山湾村“忠厚传家”门簪及门头装饰（周有光摄）

4. 兴安山湾村青石板巷道及两重门楼（周有光摄）

1 | 2/3 | 4

兴安山湾村小河古树小道旗杆石（周有光摄）

兴安山湾村小河小桥（周有光摄）

# 兴安待漏村

位于高尚镇金山村委，地处山间小盆地，四周石山环绕。村民均为蒋姓，因看中这里为风水宝地，于明代迁居于此，并取名待漏村，寓示这里将来会出大官，有机会朝见皇帝——漏在古代指以滴水计时的器具。待漏指的是等待皇宫的漏滴到一定的时间开始上朝。相应地，百官晨集等待上朝的朝房即待漏院。

该村现存传统民居建筑 80 余座，多建于明清时期，房屋座座相通，既相互独立，又可构成一个整体，整个村落俨如一座古堡。重要建筑遗存有蒋氏祠堂、举人故居、省身堂、三元塔等。民居均为砖木结构，青砖黛瓦，高墙大院，飞檐翘角，雕梁画栋。一些建筑的门额上还保留着古匾，有“进士”“寿永名成”等匾文。民居大多配置石质水缸用以防火。蒋氏宗祠位于村落中部，为硬山顶盖小青瓦砖木结构建筑，门前立石狮一对、抱鼓石一对，抱鼓石上浮雕暗八仙图案，大门四个门簪上镌刻“克昌厥后”四字，祠内墙体上嵌清嘉庆、咸丰年间碑刻，记载鼎建宗祠、祭田碑志、村规民约、告示等内容。三元塔位于村北山坳上，建于清道光五年（1825），由村民蒋某考取功名后出资修建，旨在培养文风，倡导读书，希望村中人才辈出。因旁边有一座三元庙，故名三元塔。三元塔为八角形五层实心塔，料石砌筑，通高 12 米；下有青石塔基，塔身往上逐层内收，一至四层为八角形，第五层为圆柱形。八角形塔檐，檐角雕有六条鳌鱼吞吻。顶部为葫芦形塔刹。第一层每面均雕有龛，原立有佛像，今已不存。八面龛门头上分别题刻“毓水培风”“浮图巩固”“腾霄冲汉”“龙翔凤翥”等文字，各面字体均不相同。由于年代久远，塔身倾斜，但仍稳固完好。1991 年，三元塔被公布为兴安县文物保护单位，2017 年，被公布为广西壮族自治区文物保护单位。

1. 兴安待漏村（苏勇摄）

2. 兴安待漏村蒋氏宗祠（周有光摄）

3. 兴安待漏村民居内景（周有光摄）

1 | 2/3

兴安待漏村三元塔（周有光摄）

1. 兴安待漏村民居天井地漏（周有光摄）

2. 兴安待漏村三元塔门额文字一（周有光摄）

3. 兴安待漏村三元塔门额文字二（周有光摄）

1
2 | 3

## 兴安青山湾村

位于溶江镇佑安村委。为苗族和瑶族聚居的村落，村民先祖为躲避战乱，于清代由江西庐陵徙居湖南，再迁居于此。村落四面环山，一条曲折的河流将村庄分为东、西两个片区，平面呈太极八卦之象。河流上有钢索吊桥沟通两岸，桥面用木板铺设。民居建筑主要分布在西片区，东片区较少。

传统民居多为纯木结构，两面坡盖小青瓦，两层楼房；中间为客厅，后面为厨房，两侧为厢房；客厅上空，外部设廊道，装通透护栏；客厅及厨房地面采用三合土，两侧厢房地面铺设架空木地板；门窗槅扇或装饰简单的几何形图案，有的镂空雕饰“福”“禄”“双鱼双喜”文字图案。部分民居为干栏式建筑，多为二至三层，除了屋顶盖瓦，全部用杉木建造，梁柱采用榫卯连接，屋柱用大杉木凿眼，柱与柱之间用大小不一的杉木斜穿直套连在一起，即使不用一颗铁钉也十分坚固。房子四壁用杉木板开槽密镶。房子四周还有吊楼，楼檐翘角上翻如展翼欲飞。吊脚楼底层不宜住人，用来饲养家禽，放置农具和重物。第二层为主房，是饮食起居的地方，内设堂屋、卧室、厨房，分隔有序，功能明确。堂屋是接待客人的地方，这里宽敞明亮，通风也好，家人多在此做手工活和休息。卧室是睡觉休息的地方，外人一般不入内。厨房设有火塘，一家人就围着火塘吃饭。堂屋的一侧有一道与其相连的走廊，廊外设有半人高的栏杆，内有一大排长凳，家人常居于此休息，节日期间妈妈也是在此打扮女儿。第三层透风干燥，除了用作居室，还隔出小间用作储粮和存物。少部分传统民居为砖木结构，墙体用青砖砌筑。部分传统民居屋面已改为陶瓷瓦或树脂瓦，改变了原有风貌。村中尚存石臼、石磨等石构件。

兴安青山湾村（苏勇摄）

兴安青山湾村钢索木板吊桥（周有光摄）

1. 兴安青山湾村纯木结构民居（周有光摄）
2. 兴安青山湾村干栏式民居（周有光摄）
3. 兴安青山湾村民居门扇镂空文字装饰（周有光摄）
4. 兴安青山湾村民居厨房（周有光摄）
5. 兴安青山湾村民居小青瓦屋面及厨房排烟管（周有光摄）

1 3
4
2 5

兴安青山湾村砖木结构民居（周有光摄）

兴安青山湾村新建民居（周有光摄）

# 兴安东村

位于兴安镇三桂村委，紧邻兴安县城，属于城郊村庄，因地处灵渠东岸，故名东村。村落坐落在湘桂走廊的丘陵平地，距桂黄公路约 1 千米，湘桂铁路从村旁经过。村民大多为季姓，为明朝桂林卫指挥使季从善后裔，灵渠陡军季氏第十代祖季国清后人。季姓先祖原籍山东兖州，季从善于明洪武年间以指挥使的身份来到灵渠，成为守护陡门的陡军，并按当时屯田的做法与结成兄弟的颜、宿两姓世袭为渠目（陡军的头目），所居之地即季家屋场村。清嘉庆年间（1796 ~ 1820），季家屋场村因人丁发展、田地屋场不够致人员外迁，发现不远的东村一带山清水秀，地势平坦，适于居住生活，且与季家屋场村一样，均位于灵渠边上，遂迁此定居下来。东村地灵人杰，清末出了文举人和武举人兄弟，为官者有千总、知县、四品官员等，还有例授州同、武略骑尉、文林郎、奉政大夫、诰封二品资政大夫、二品夫人等。

东村现存传统民居 30 多座，占地面积约 5 000 平方米，总建筑面积达 11 000 多平方米。传统民居分为两种风格截然不同的类型，一种是桂北常见的砖木结构建筑，多建于清代；另一种是较为独特的石木结构，多建于清代至民国时期，少量建于中华人民共和国成立后，建筑墙体全部采用当地的片石砌筑，或仅在山墙顶端局部改用砖砌，内部仍为木构装修。民居均为硬山顶，屋面多盖小青瓦，部分建筑改用现代陶瓷瓦或树脂瓦，多为三进两天井院落，人字山墙或马头墙式防火山墙。部分建筑装饰精美，花窗、梁枋、墀头，木雕、石雕、彩绘，充分体现了当时工匠的高超技艺。其中一座民居墀头彩色灰塑喜鹊登梅和仙鹿等图案，别具特色。巷道多用青石板或片石铺设，部分为鹅卵石路面。灵渠东村河段尚存陡门多座，村中尚有古桥、古井、旗杆石、练功石、石臼、石磨等遗存。村口建有

兴安东村（苏勇摄）

三阶马头墙式照墙，上书“中国传统村落”“灵渠陡军文化村落”。靠近铁路的村边建有灵渠河道、陡门及桥亭微缩景观。村中建有广场及练武擂台，旁边建筑墙体表面采用现代的材料和工艺绘制了灵渠及陡军等内容的彩绘。

近年来，在各级党委与政府的重视支持下，灵渠保护修缮和复航工程项目不断推进，兴安灵渠人家精品旅游线路打造及绿道建设取得新进展，东村利用其区位交通优势，依托独特的青山绿水、田园风光、传统建筑、陡军文化、非物质文化等，全力打造田园综合体，积极开展灵渠陡军文化旅游，将东村打造成为兴安县“旅游+”模式的重点特色传统村落。

1. 兴安东村民居（周有光摄）

2. 兴安东村民居墀头灰塑装饰（周有光摄）

3. 兴安东村练武擂台及练功石（周有光摄）

4. 兴安东村民居及古井（周有光摄）

1 | 3
2 | 4

1. 兴安东村石头墙体建筑（周有光摄）

2. 兴安东村民居墙体彩绘（周有光摄）

3. 兴安东村灵渠桥亭微缩景观（周有光摄）

4. 兴安东村照墙（周有光摄）

1 | 3
2 | 4

# 全州梅塘村

位于绍水镇西北的三友村委，为村委驻地。地处越城岭下，湘江支流白沙河北距该村500多米。村落始建于宋末元初，村民多为赵姓。南宋时期，翰林学士赵梅岩为避战乱从浙江兰溪县迁移至此，至今已有700多年。村落中心有一池塘，因旧时塘边种有梅树，故名梅塘（梅池），村落也因此得名。

民居都以心形梅池为中心环绕而建，呈九宫八卦布局，八条鹅卵石铺成的小巷自中心向外辐射，纵横相连。梅溪自西向东沿着小巷穿村而过，家家门前小桥流水，颇具江南水乡韵味。传统民居多为硬山顶砖木结构，青砖粉墙黛瓦，雕刻工艺精巧，具有明显的徽派建筑风格。梅塘公祠位于村落中心梅池旁，故又称梅池祠。建于清嘉庆二年（1797），由主建筑和附属建筑组成。主建筑坐西朝东，由门楼、雨搭、两小水井及两侧过廊、中厅、天井及两侧过廊、上厅组成三进两院，小青瓦硬山顶砖木结构，东西长50米，南北宽13米。门楼两层，前出门廊，呈倒“凹”字形，进深二间，面阔三间，第二进次间设厢房，穿斗结构；雨搭硬山搁檩，位于南北小水井之间；两小水井的北侧和南侧分别有一面坡顶的两层小过廊；中厅前出廊，进深三间，面阔三间，抬梁结构；天井两侧过廊，面阔三间，进深一间，为两面坡顶穿斗结构，两侧设月亮门；上厅建筑格局与中厅一致。附属建筑位于祠堂北侧，为小青瓦两面坡顶穿斗式结构，有客厅、厨房、水井和小花园。客厅紧挨祠堂上厅，有门相通，由厅、雨搭、小天井和后天井组成。客厅坐北朝南，南北长12.64米、东西宽16.75米，面阔三间，进深二间；雨搭位于厅前，为两面坡顶，东面为小天井，西面为厢房。厢房墙体立清嘉庆碑刻一通。厨房与水井在一起，紧挨祠堂中厅，有门相通。厨房坐北朝南，南北长14.35米、东西宽7.8米。梅溪公祠于2017年被公布为广西壮族自治区文物保护单位。1934 年冬，红军长征过桂北，红一军团曾在梅溪公祠及梅塘村临时驻扎宿营。这里也是红一军团翻越老山界前的重要集结地。公祠在 20 世纪 70 年代曾开设幼儿园，1987 年开打米厂，现为该村的老年活动中心。

梅塘村地理位置优越，交通方便，近代曾为商品集散之地，繁华一时，村中至今仍留有旧时的铺面和老字号。梅池亭坐落于村口梅溪上，又称为坐水亭，为楼阁式凉亭。整座建筑坐西北朝东南，长 5.45 米、宽 6.72 米，小青瓦重檐歇山顶，原为穿斗式纯木结构，现由四砖柱支撑。西南、东北两面砌砖墙，东南、西北两面敞开为过道。西南、东北两面原设护栏和坐凳，现已无存。梅池东南侧有古井一口，整体平面呈长方形，东西长 4.55 米、南北宽 1.90 米，井沿用青石砌筑并间隔成饮水井和洗菜井两口井池，井壁用鹅卵石砌筑。井西北面的古民居墙体上嵌有清嘉庆四年（1799）捐款修建该井的碑刻一通。饮水井原为圆形，村民在修缮时将其做了改变，砌筑为四方形。

1. 全州梅塘村（苏勇摄）

2. 全州梅塘村小广场（周有光摄）

3. 全州梅塘村建筑山墙（周有光摄）

1 | 2
3

红色梅塘
文艺汇演

全州梅塘村梅池及民居（周有光摄）

全州梅塘村梅池亭（周有光摄）

全州梅塘村民居水井及梅溪（周有光摄）

全州梅塘村玉田村大桥及凉亭（周有光摄）

1. 全州梅塘村梅塘公祠（周有光摄）

2. 全州梅塘村梅塘公祠内景（周有光摄）

3. 全州梅塘村梅塘公祠内部装饰一（周有光摄）

4. 全州梅塘村梅塘公祠内部装饰二（周有光摄）

1 | 2
3 | 4

福

# 全州沛田村

位于石塘镇东北部的沛田村委，地处丘陵地带，四周环山，北有螺狮岭，南有天马山，东列玉屏山，西踞旗山。村落始建于明景泰年间，村民均为唐姓。据该村唐氏族谱记载，明朝中叶，唐姓家族从全州县城郊上界洞村迁此，后逐渐形成村落，因“左有湛江，右有卢岩之源，前有大井之水，旋绕入宅，大沛我田”，故取名沛田村。

村内现存明清至民国时期的传统民居70余座，另有祠堂4座、桐荫山庄1座、古井3口、古桥2座，总建筑面积38 000多平方米。传统建筑以青石巷道相连，均为小青瓦硬山顶砖木结构，墙体多为青砖砌筑，少部分为土坯砖或片石砌筑，部分建筑门头、窗头上灰塑花草动物图案。鸣岐公祠、瑾南公祠、肖峰公祠、顶合公祠4座祠堂集中分布于村中心，均为小青瓦硬山顶砖木结构带天井院落式建筑。鸣岐公祠明间设蜈蚣形山墙，次间为人字形山墙，大门门槛石上浮雕麒麟、花草图案，大门门额置4个门簪，上面雕刻文字。瑾南公祠又称为大祠堂，分前院、前座、天井过廊和后座几部分。前后座均为穿斗式构架；前座为蜈蚣形山墙，门槛石浮雕麒麟、绣球等花纹图案，有的柱础及木柱一侧凿有凹槽；后座为三阶马头墙；前院两侧院墙开月亮门。建筑墙体上绘有世界地图，并嵌有民国十一年（1922）《治颠狗咬伤验方》石刻。桐荫山庄位于村落南面，为该村唐杰英豪宅，民国六年（1917）开始建造，民国十四年（1925）竣工，历时8年建成。主体建筑为砖石木结构，硬山顶盖小青瓦，建筑墙体用巨型方整料石砌基近1米，上砌青砖到顶，墙面磨砖对缝，光滑平整。建筑工艺精致，装饰图案丰富。山庄前后有6扇大门，大门形状有长方形和券拱形，窗户形状有长方形、券拱形和圆形。每扇大门上方及两侧均设置瞭望窗和枪眼，具有较强的防御功能。个别建筑二层有向外悬挑的过廊。山墙有人字形、二阶马头墙和三阶马头墙等形式。山庄内部分设六大部分，分别为练武房、住宿楼、对面厅、官厅、绣花楼、书屋，总建筑面积约 2 000 平方米。练武房专供习武之用。住宿楼有上、下两层，专供主人住宿。对面厅设有假山和鱼池，供住宿和观赏。官厅有 6 排房子，专供来往官员和贵客住宿。绣花楼为一八角亭，二楼设回形过廊及护栏，另设有花台，专供小姐们赏花、绣花。书屋专供读书、画画使用。各厅地面用青砖铺设，天井用刻有花纹图案的大块方整青石砌筑。由于年久失修，部分建筑木构朽坏，门窗缺失，墙倒屋塌，毁损严重。唐杰英（1881 ~ 1927），字少卿，民国十四年（1925）任全县（今全州）县长，首倡修建桂全公路，民国十六年（1927）三月任平乐府知府，七月二十一日，桂全公路通车，试车中不幸出车祸身亡，享年 47 岁。古井位于村东，分别为白头井、富贵井、龙门井，青石构筑。古桥位于村口，为单孔石拱桥，其上已被混凝土覆盖。

全州沛田村（苏勇摄）

全州沛田村民居（苏勇摄）

1. 全州沛田村瑾南公祠（周有光摄）

2. 全州沛田村瑾南公祠内景（周有光摄）

3. 全州沛田村瑾南公祠石刻（周有光摄）

1
2 | 3

全州沛田村肖峰公祠（周有光摄）

全州沛田村顶合公祠（周有光摄）

全州沛田村鸣岐公祠（周有光摄）

全州沛田村桐荫山庄（周有光摄）

全州沛田村民居墙体灰塑（周有光摄）

# 全州大田村

位于两河镇大田村委，为村委所在地。周边群山环绕，村前璜溪流淌。村民多为邓姓，据该村邓氏宗祠内《大田邓氏修谱碑记》：邓氏先祖原籍河南南阳府邓州新野县白水村，因节度靖江迎养官邸流寓湖南东安石瑞村，后迁居广西全州文桥霭岭，再迁居乌山，宋神宗元丰三年（1080）移居大田，历宋元明清，派衍枝繁，村落布散。

现存传统民居建于清至民国时期，多建在缓坡，依山势层叠而上，均为硬山顶盖小青瓦，砖木结构，人字山墙、蜈蚣形山墙或马头墙式防火山墙。墙基多用青石砌筑，转角石上刻画几何纹，门头装饰灰塑，书绘文字和花草图案。巷道均为青石板铺设。因年久失修，无人居住，部分传统民居已墙倒屋塌。邓氏宗祠地处村后坡上，三进两天井院落，中座已部分倒塌，山墙上墨书大田村史相关情况，墙下立有碑刻数通。门楼前置门鼓石一对，上面浮雕双凤、仙鹤、猴子、花鸟等图案。门楼檐墙及大门均已改变原貌。大门前两侧檐柱悬挂木质楹联。宗祠前坡道有一门楼，牌匾上书“粤北一家”。紧靠宗祠右侧有一民居，大门四个门簪镌刻文字，天井照墙正中灰塑一圆圈，圈内塑“福”字，字的上端塑成鸟兽头部形状，独具艺术特色，字两侧有对联，照墙上部还塑有花草图案，其间墨书文字，艺术氛围浓重。该民居堂屋两侧二楼梁枋上均安装有定滑轮，用以吊装储存粮食物品，实为罕见。村前璜溪之滨，现存璜溪书院遗址。璜溪书院原名太极书院，南宋淳熙年间（1174 ~ 1189）大田村进士邓宁民创建。书院在元至正七年（1347）曾经修复，后改名璜溪书院。明嘉靖三十六年（1557）、清嘉庆二十一年（1816）、同治四年（1865）三度重修，清末荒废。今书院建筑已毁，仅存孔像碑，高 245 厘米，宽 137 厘米，阴刻孔子立像，碑上方横刻篆书“孔圣遗像”，字径 12 厘米，碑左落款题“唐吴道子笔”楷书，字径 7 厘米。璜溪书院孔像碑于1989年公布为全州县文物保护单位。璜溪之上现存一单拱石桥，长26.50米、宽4.70米，拱跨10.20米。桥面用青石板铺设，两侧设石条凳。大桥北端桥堍东侧立碑刻一通，记载民国二十二年（1933）加修大桥边公路事宜。迎送亭位于村东北璜溪边上，建于清同治八年（1869），为砖木石结构的憩息亭，长7米、宽4.35米。小青瓦两面坡顶，抬梁结构，四根石柱支撑梁架，东北、西南两面墙体面饰蜈蚣形山墙，东南、西北两面敞开。柱面镌刻对联及捐款铭文，柱间设青石条凳。亭内立碑刻两通，分别为《重修迎送亭碑记》和《重修下湾桥并各处路道》。亭前路边尚存一段石砌寨墙。

全州大田村（苏勇摄）

1. 全州大田村邓氏宗祠（周有光摄）

2. 全州大田村青石板路（周有光摄）

3. 全州大田村邓氏宗祠门鼓石（周有光摄）

1
2 | 3

全州大田村石拱桥（周有光摄）

全州大田村迎送亭（周有光摄）

全州大田村民居大门门簪（周有光摄）

全州大田村民居照墙装饰（周有光摄）

全州大田村民居内景（周有光摄）

全州大田村民居（苏勇摄）

全州大田村民居（周有光摄）

# 全州鲁水村

位于两河镇东南部的鲁水村委，为村委所在地，与灌阳文市镇、新圩镇接壤，省道公路纵贯全村。村民均为廖姓，先祖于北宋年间任山东兖州太守，为避金兵，率众南下，渡长江，逾洞庭湖，溯湘江而上，到达古零陵郡，遂卜居于洮阳（今全州）。鲁水村原名鲁蔍村，“鲁”是为纪念先祖来自鲁地，“蔍”指此地草繁林茂、土肥水美，是居住生活、繁衍生息的好地方。鲁蔍村廖姓宗族原居两个村庄，分别叫作上鲁蔍、下鲁蔍，因当地人讲话多发平声，上下难辨，给生活交往带来困惑和不便，遂将上鲁蔍改为鲁山，将下鲁蔍改为鲁水。明清两朝，鲁水村经科举入官者甚众。湘桂古道从湖南道县永安关进入广西后经灌阳文市进入全州的马鞍岭、鲁水、鲁山、白壁山、古岭头、板塘、新富洞、石塘、凤凰，再经兴安、灵川直达桂林。两河镇廖家多在古道旁立村扎寨，从马鞍岭至新富洞路段，全是廖家用青石板铺成，五里一亭，十里一铺。仅鲁水村路段就有四座驿亭，为该村廖姓四个兄弟所建。民国时期，红军三过全州，走的都是此条古道。

村落现存传统民居多建于清至民国时期，硬山顶盖小青瓦，砖木结构，少数民居建有马头墙式防火山墙，门额装饰文字。巷道用青石板铺设。门楼位于村口，建于清代，建筑坐北朝南，

两面坡卷棚顶穿斗结构，面阔三间，进深两间，二阶马头墙，门墩、柱础及梁枋雕饰精美，大门两侧悬挂木质楹联。门楼前有一大水塘。中泉公祠地处村落中心，建于清道光七年（1827），为该村廖氏宗祠，硬山顶盖小青瓦，三阶马头墙，墙基用方整料石砌筑，大门两侧下端及墙体转角置竖长形条石。民国二十三年（1934）冬，红军长征过全州，红六军团、红五军团、红八军团都经过该村，并曾在祠堂内开会和休憩，村民廖荣祥、廖转发曾给红八军团带路从古岭头村绕过桂军的阻击到达凤凰嘴渡口渡过湘江。五福亭位于村后山的湘桂古道上，建于民国十二年（1923），为过道式凉亭，砖木结构，开对穿拱门，红军经过此地时曾用作伤员疗伤之所。1934 年 12 月 1 日，红三军团红五师第十八团一部为掩护主力渡过湘江，被桂军包围于该村附近的古岭头—隔壁山一带，经过殊死战斗，终因寡不敌众，大部分壮烈牺牲，为湘江战役谱写了悲壮的一页。

全州鲁水村（苏勇摄）

全州鲁水村红军街门楼（周有光摄）

全州鲁水村红军亭（周有光摄）

全州鲁水村五福亭
（周有光摄）

全州鲁水村湘桂古道
（周有光摄）

全州鲁水村中泉公祠
（周有光摄）

1. 全州鲁水村门楼（周有光摄）

2. 全州鲁水村门楼门墩石一（周有光摄）

3. 全州鲁水村门楼门墩石二（周有光摄）

1
2 | 3

# 全州上塘村

位于东山瑶族乡上塘村委，地处高海拔山区。周边群山环抱，乡道公路穿村而过，可通湖南省永州市零陵区大庆坪乡。村落有盘、俸二姓，均为瑶族，其中俸姓于明末从江西太和县迁来。

村中有一个大池塘，民居建筑以池塘为中心，环绕而建。传统建筑集中分布于池塘南面，现存清至民国传统建筑150多座，建筑面积约6 390平方米。均为硬山顶小青瓦两坡顶砖木结构建筑，墙基用青条石砌筑，墙体四角置转角石，有的民居大门采用巨型方整青石制作。民居内部多置有石质水缸，有的水缸外壁镌刻纹饰和文字，其中一个镌刻“光绪十二年仲夏月奉生春置水缸一口”。单座民居大多体量不大，整体装修较为简单。由于年久失修，部分民居建筑已崩塌损毁，仅存条石基址。各建筑、各区域之间以青石巷道相连。华塘母校为民国私塾建筑，位于池塘南畔，坐西南朝东北，坐水而建，条石基础直接砌筑到水塘中。建筑为小青瓦四坡顶砖木结构，平面略呈方形，开方形、长方形或券拱形门窗，建筑面积355.5平方米。池塘东北有一古井，青石砌筑，井池两个，建筑面积54.2平方米。井边立有清光绪九年（1883）捐资碑一通。环池塘的部分道路用青石板铺设，长213.6米。新建建筑多位于池塘北面或村落外围，对古村落原始风貌影响不大。

东山瑶居住在高寒山区，因其成年妇女喜扎一条长辫子盘在头上，再用一条花帕子包住，俗称“盘瑶”。东山瑶服饰主要由上衣、头巾、汗帕、抱肚、腰带、围裙、绑腿等组成，具有独特的民族性和极强的实用性，头巾留有两只“狗耳朵”，腰带留有“尾巴”，这些都是瑶族民间传说的盘瓠王文化的佐证。东山瑶崇奉盘王，每逢盘王生日，瑶民们都要穿上节日盛装，唱盘王歌，跳盘王舞，还盘王愿，小伙们用树叶吹起动听的歌曲，姑娘们跳起欢快的长鼓舞，还有表演上刀山、下火海等民俗活动。

全州上塘村（苏勇摄）

1. 全州上塘村石板路及民居（周有光摄）

2. 全州上塘村民居基址（周有光摄）

3. 全州上塘村水井池塘（周有光摄）

4. 全州上塘村石水缸（周有光摄）

5. 全州上塘村石水缸文字（周有光摄）

1 | 2 | 3 | 4 | 5

1. 全州上塘村华塘母校（周有光摄）

2. 全州上塘村民居（周有光摄）

3. 全州上塘村文化中心（周有光摄）

# 全州清水村

位于东山瑶族乡清水村委，为乡政府所在地。地处山区盆地间，坐落在雷公岭古石寨东麓，全州至东山公路从村旁经过。四条石板古道交汇于此，往北，可到湖南永州零陵；往东，可入湖南双牌；往南，直通灌阳文市；往西，直达全州。村落所在的东山瑶族乡成立于1951年9月27日，是广西最早成立的少数民族乡。村落为瑶族聚居地，村民均为瑶族，现有姓氏较多，主要的有包、盘、李三姓。据史料记载，包姓于宋初从宅篮迁移而来，盘姓于元末明初从江西移居而来，李姓于明代宣德元年由零陵迁移至此定居。三姓瑶民聚集于此，开山取石，烧砖造瓦，建房筑路，凿井修亭。

现存传统民居建于清代至民国时期，多为砖石木结构，墙基用当地所产巨型方整料石砌筑约三层，大的料石长近4米，宽近1米。墙体四角置转角石。上面墙体用青砖砌筑，勾缝灰浆采用石灰、木炭末、稻草筋搅拌而成，筋道坚固，持久耐用。两面坡屋顶，盖小青瓦。内部为木构屋架，室内多置有石水缸。部分民居二楼外侧过廊向外悬挑，靠巷道的民居临街一侧原来多建有铺台。整体装修较为简单，门头或装饰灰塑及彩绘图案，窗扇雕饰花草图案。村口路旁一民居墙基处立有清道光九年（1829）《重修古路碑记》碑刻，记载李、包二姓捐资重修古路事宜。村中12条古巷道用青石板铺设，每条巷道的出入口一般由同宗族共同修造一座门楼。村落十分注重门楼的修造，素有“千斤门楼四两屋”的说法。门楼建筑与两边民居建筑紧紧贴合，构成天衣无缝的统一整体，4个石墩上立4根柱子，中置厚重严实大门，可有效防御盗贼进犯。门楼前部，走道两旁，往往设置青石坐凳，供行人休憩娱乐。盘氏门楼位于村口，建于清代，砖、石、木结构，两面坡顶，盖小青瓦。建筑坐南朝北，南北进深4.2米，东西面阔3.7米，高5米。墙基砌筑三层条石，上面墙体砖砌。墙基一块条石上镌刻有清道光辛卯年（1831）修建门楼捐资情况。门楼坡屋顶近年已改为混凝土浇筑。李包氏门楼位于村口主道旁，为李姓与包姓共同建造，与盘氏门楼相望，中间为大片水田。门楼主体已毁，仅存弧形青石基址及门槛石，基址边上立有清同治四年（1865）赋税碑，内容涉及朝廷对少数民族地区征收赋税的情况。村落中部现存凉亭一座，纯木结构，六柱六角重檐，盖小青瓦，柱间设坐凳护栏。距亭子不远处，有古井一口，用青条石间隔成三个井池，周边也用方整的青条石围砌。村落后头，尚存石门一座，紧连石门尚有石寨墙一段。

村落传承着瑶族长鼓舞，动作大多表现生产、生活内容，如建房造屋、耕田种地、模仿禽兽动作等，形象生动，富于生活气息。击鼓有文打、武打之分，文打缓慢柔和，武打粗犷豪放，有2人对打、4人对打，还有一大群人围成圆圈打，鼓声洪亮，气氛热烈。

全州清水村（苏勇摄）

全州清水村民居（周有光摄）

全州清水村水井及民居（周有光摄）

全州清水村凉亭及民居（周有光摄）

全州清水村民居（便民服务点）（周有光摄）

1. 全州清水村石门及寨墙（周有光摄）

2. 全州清水村民居门头装饰（周有光摄）

3. 全州清水村李包氏门楼基址（周有光摄）

1 2 3

全州清水村民居铺台（周有光摄）

## 灌阳洞井村

位于洞井瑶族乡洞井村委，为洞井瑶族乡乡政府所在地。村落位于都庞岭海洋山系的谷地中，灌江从村北流过，清江河位于村南，小江从村西流入，穿村而过，流入灌江。村民均为唐姓，元至大元年（1308）由集庆路上元县（今江苏南京）徙居灌阳县城，明洪武元年（1368）复迁居于此。

该村历史上居于灌阳至桂林的交通要道，商业发达，至今尚存清至民国商铺遗存，商铺铺台和名号依稀可辨，有染坊、药铺、纸张铺、杂货铺等。村落外围有高近 2 米的护墙，开有 4 个寨门。民居建筑保存完好且颇具规模，建筑墙体用青砖或鹅卵石砌筑，或鹅卵石与青砖间隔砌筑，小青瓦硬山顶。每户人家有门洞互通，户户相连；街巷道路曲折回转，用青石板或鹅卵石铺设。好些民居还保存有各式牌匾。唐氏宗祠始建于清道光二十年（1840），坐东南朝西北，占地面积 462 平方米，三进三开间，设五天井，造型独特。砖木结构，硬山顶，镬耳山墙。上座立神龛，中置雨亭，下座为义门，外设照壁，梁枋檐角、槅扇门窗雕饰降龙彩凤、花鸟虫鱼、太极、麒麟等图案，造型精美，雕工精巧。村中还有庙宇、古井、碑刻等遗存。2017 年，洞井村古建筑群被公布为广西壮族自治区文物保护单位。

每年农历六月初三有洞井村及附近的白家田、清江源一同举

行的游神习俗活动，用敞篷大轿抬着将军庙的两大灵王及清溪的雷王结队巡游。该村的瑶族牌灯舞是灌阳县首批非物质文化遗产，由数十名村民左右手各执一盏上有各式各样图案的长方形牌灯，在一名“头灯”的带领下，伴随锣鼓的快慢节奏，时而形成一条火龙，高低起伏，回旋游动，时而形成数朵莲花或各种形状的火圈，边跑边舞边唱，别具特色。

灌阳洞井村（苏勇摄）

灌阳洞井村巷道大门（周有光摄）

灌阳洞井村滨水民居（周有光摄）

1. 灌阳洞井村民居内景（周有光摄）

2. 灌阳洞井村染坊商铺（周有光摄）

3. 灌阳洞井村老门牌（周有光摄）

# 灌阳官庄村

位于水车乡官庄村委。村民多为何姓，祖籍江西庐陵，先祖于南宋宝祐年间（1253 ~ 1258）任官湖南零陵，宋末元初为避祸乱，携家迁居于此。

村中现存传统民居均为明清建筑，规模宏大，布局合理，是典型的桂北民居及湘南民居风格。砖木结构，马头墙式防火山墙，墙基、转角、巷道、天井等多用青条石铺砌；内部木构架，小青瓦硬山顶。梁柱粗大，飞檐翘角，雕花壁画，造型优美，工艺精湛。福建同知何如瑾的故居以及民国时期留学美国的何福照、何福煦等人的故居均保存完好。村内巷道规整，沿巷道布设功能完善的排水系统。村角两座炮楼建于清宣统三年（1911），坐西北朝东南，长、宽各为 5 米，高 13 米，共五层，屋顶盖小青瓦，墙体为黄泥、石灰、沙土加食盐和黄糖夯打而成，墙基为青石料，内部设木楼板，每层四面各设两个射击孔。何氏宗祠前立有旗杆石，基座石碑镌刻“人文荟萃”“科第联绵”八个篆体大字，石碑还记载了该村历朝科考人员的科目、官阶情况；村内有村塾、学堂建筑遗存，村后挂榜山上现存修筑于清代的古道，是当时官庄通往灌阳县城的通道。整段古道长约 5 千米，宽 1.5 米，依山由青石凿成。古道中段立有石门，西北面由自然山石凿成，东南边石柱高 1.8 米，门宽 1.4 米。该古道是灌阳境内保存最好的古道，岩壁有

清道光二十三年（1843）何宗敏题“挂榜”石刻，显示了村民崇文尚礼的习俗。挂榜山上尚有清嘉庆年间该村何华廷等人捐建的登峰亭，石木结构，歇山顶盖小青瓦，长5.05米，宽4.81米，高5米。四条四方石柱承担整个抬梁式木构架，南、北、西三面设长条石凳供人歇息，地面铺青石板。南、北石柱上有记事石刻，记载建亭时间（清嘉庆六年辛酉岁孟冬二十八日）等事宜及捐资人员名单。村口还有清四川补用直隶州知州何庆恩于光绪八年（1882）为其祖母范太夫人立的神道碑，村口灌江边有旧时用青条石铺砌的渡口码头，以及嘉庆、光绪年间捐修码头的残碑。

灌阳官庄村（苏勇摄）

灌阳官庄村祠堂及旗杆石（周有光摄）

1. 灌阳官庄村神道碑（周有光摄）

2. 灌阳官庄村门鼓石（周有光摄）

3. 灌阳官庄村民居窗雕（周有光摄）

1 | 2

3

# 灌阳江口村

位于新街乡江口村委，原为新街老圩。村落地处都庞岭西侧的河谷地带，两条小河与灌江在此交汇，俗称三江口，村因此得名。村民有13姓，以王、文、唐三姓居多。王姓于明洪武年间迁来，之后文、唐等姓相继迁入。唐姓来自湖南，清末曾有唐景崧、唐景崇、唐景崶，兄弟三人先后登进士，皆选授翰林院庶吉士，人称“同胞三翰林”。

村中民居建筑依山傍水，一字排开，形成一条商业街，部分明清时期的染坊、酒坊、钱庄、布店、打铁铺等依稀可辨。街巷铺以鹅卵石，街北口有一座建于清同治五年（1866）的单拱石桥，桥身浮雕“鲤鱼跳龙门”图案。民居建筑多为砖木结构，青砖墙，木架梁，小青瓦硬山顶。唐景崧故居始建于清康熙年间，占地面积410平方米，分上、下两座，设有前厅、正厅、厢房、天井等。梁、枋、门簪等均雕刻人物故事、祥龙彩凤、花草虫鱼等图案。唐景崧故居于2001年被公布为灌阳县文物保护单位，2017年被公布为广西壮族自治区文物保护单位。

唐景崧（1841 ~ 1903），清同治乙丑年（1865）中进士，钦点翰林，选为翰林院庶吉士，后授吏部主事。光绪八年（1882），法国侵占越南，伺机侵犯我国云南和广西。唐景崧以广西籍人士熟悉边事、便于联络寓越之粤人，请缨出征。光绪九年（1883），唐景崧会晤刘永福，极力游说，促使刘永福接受了清廷的委任，率军与法作战，唐景崧亦因功授四品衔。光绪十一年（1885），中法战争后，因战功卓著，被任命为福建省台湾道台，后提升为台湾巡抚。光绪二十年（1894），中日甲午之战失败后，清政府与日本签订了丧权辱国的《马关条约》，割让台湾、澎湖列岛，唐景崧率领台湾军民奋勇抗击日寇，终因孤军作战，寡不敌众，于1895年6月化装携带台湾巡抚印回到大陆。之后唐景崧隐居于桂林榕湖五美塘，成立桂剧班社“桂林春班”，培养桂剧人才，为桂剧改革发展做出贡献。

桂剧是用桂林方言演唱的剧种，俗称“桂戏”或“桂班戏”，流行于桂林、柳州、河池、贺州等使用“官话”的地区，是广西的主要地方剧种之一。它融合、吸收昆山腔、弋阳腔和乱弹等几种戏曲声腔，形成了以弹腔为主，兼唱高腔、昆腔、吹腔及杂腔小调五种声腔艺术的剧种。清雍正年间（1723 ~ 1735），桂林已有“独秀班”等昆班。光绪二十二年（1896），唐景崧在桂林成立“桂林春班”。民国二十七年（1938），欧阳予倩到桂林从事桂剧改革工作。民国三十三年（1944），举办西南第一届戏剧展览会，桂剧从此进入中国十大戏曲剧种行列。桂剧表演唱、做、念、舞俱重，唱腔委婉动人，角色分为生、旦、净、丑四大行当，表演身段有手法、眼法、步法、身法、腕子功、水袖功、耍手帕、扇子功等。桂剧传统剧目主要有《拾玉镯》《闹严府》《打棍出箱》《桃花扇》等；新编剧目主要有《瑶妃传奇》《风采壮妹》《漓江燕》《大儒还乡》等。2006 年，桂剧被列入第一批国家级非物质文化遗产代表性项目名录。

灌阳江口村（苏勇摄）

灌阳江口村石拱桥（周有光摄）

灌阳江口村江岸民居（周有光摄）

灌阳江口村唐景崧故居（周有光摄）

灌阳江口村老街商铺（周有光摄）

灌阳江口村传统村落保护建设调研（周有光摄）

# 灌阳伍家湾村

位于水车乡伍家湾村委，背靠后龙山，依灌江而建。村民多为伍姓，据族谱记载，祖籍江西吉安太和县，先祖于明初任官湖南衡水，迁居全州；洪武年间，家族一支随军南征，定居灌阳，名其村为伍家湾。

村中传统民居建筑为典型的桂北民居风格，砖木结构，青砖墙体，马头墙，木架梁，小青瓦硬山顶，房内木隔断雕花。村中街巷多铺以鹅卵石，或两侧铺鹅卵石，中间铺青石板。村中尚存有良田公祠、伍氏宗祠、蒋氏祠堂、文家祠堂、大顺公祠、回龙亭、古井、碑刻等。良田公祠位于村落中央，建于清光绪五年（1879）。建筑坐西北朝东南，占地面积361平方米，两进三开间，两天井院落，大门开在一侧，砖木结构，青砖墙体，穿斗式木梁架，小青瓦硬山顶。梁、枋、门簪皆雕刻有人物故事、花草虫鱼，工艺精细，保存完好。伍氏宗祠占地面积268平方米，两进三开间，

中间为天井和回廊，砖木结构，青砖墙体，穿斗式木梁架，小青瓦硬山顶。宗祠前立有石笔一支，系用整块大理石凿刻成圆形，分笔杆和笔头两部分，笔杆长 4.5 米，直径 0.5 米，下略大，上略小，成毛笔杆状，笔杆中间阴刻“大清道光十年（1830）岁次庚寅孟春月合族立”。石笔历史悠久，雕凿精细，形神兼备，具有一定的历史艺术价值。

长鼓舞、花灯舞和采茶舞为村民庆祝节日的民间艺术，尤以采茶舞在水车、文市一带甚为流行。

灌阳伍家湾村（苏勇摄）

1. 灌阳伍家湾村良田公祠屋面（周有光摄）

2. 灌阳伍家湾村良田公祠（周有光摄）

3. 灌阳伍家湾村伍氏宗祠及石笔（周有光摄）

1 | 3
2

# 灌阳孔家村

位于灌阳镇秀凤村委。村民均为孔姓，祖籍山东曲阜，为孔子后裔，先祖孔克善于明洪武初年随堂兄孔克成游宦湖北，后游学粤西（广西），卜居于此，并以姓取村名为孔家。

民居建筑多建于清嘉庆年间，有徽派建筑风格，粉墙黛瓦，青砖马头墙，飞檐翘角，梁枋门窗，工艺精湛，雕饰精美。各院落既自成体系，又相互贯通，院内青石铺地，室内雕花绣凤。墙基和门前台阶均用青条石砌筑，建筑墙体上多开方形、长方形、圆形、拱形等不同形状的小窗，大门门额上多有文字。现存三道圆拱形门，俗称月亮门，门基和下半部门拱均用青石砌筑，上半部门拱用青砖拱券。孔氏宗祠位于村落中部，分上、中、下三座，现大多损毁，仅部分遗存。祠堂墙壁上绘有“鱼化龙”图案，龙头鱼身，寓意青云直上，金榜题名。村落四周有围墙，村中建有炮楼，坐西北朝东南，外形为竖向长方形，长4.95米，宽4.65米，高10.8米，共四层，盖小青瓦，内墙饰白灰，外墙饰蓝灰，一楼设一双开门，木门上钉有铁板，木楼板，每层均设气窗和射击孔。巷道路面多使用大小均匀的鹅卵石铺就，极为讲究，也有部分路面用青石板铺砌。村口原有天佑桥，建于嘉庆二十一年（1816），为孔志圣捐建，1985年遭洪水冲毁，仅存桥墩。此外，村子还保存有门楼、碑刻等历史遗存。村口有千年古树，古风盎然。

灌阳孔家村（苏勇摄）

灌阳孔家村民居及巷道（周有光摄）

1. 灌阳孔家村民居马头墙（周有光摄）

2. 灌阳孔家村民居兽面雕饰石凳（周有光摄）

3. 灌阳孔家村民居月亮门（周有光摄）

1
2 | 3

## 灌阳唐家屯

位于灌阳镇仁义村委，背靠都庞岭，灌江形似玉带绕村而过。村民多为唐姓，祖籍山东，先祖于南宋时任官湖南，遇战乱无法回乡，定居灌阳昭仪村；明万历年间，唐世宾任四川知县，辞官回乡后定居于此，发展成今之格局。现村落主要为清至民国时建，平面布局略呈圆形，颇具特色。

传统民居建筑为砖木结构，墙基及转角多用青条石砌筑，上砌青砖，部分建筑墙体用河卵石砌筑，室内铺砌青石地面。内部木构建筑，梁柱粗大。部分民居大门门额及两侧有墨书对联和彩绘花鸟图案。唐氏宗祠位于村子中部，小青瓦硬山顶，砖木结构，两进三开间，大门为券拱形，门额上书“唐氏宗祠”，大门两侧墙体上有墨书对联“池如新月堤如带，山似屏风水似城”。墙上多开长方形和券拱形窗。宗祠内天井宽阔，使用青石板铺设。大殿穿枋及雀替，雕饰花鸟吻兽图案，工艺精美。古村四角布置有四座门楼，整个村落布局严谨，民居、祠堂、门楼、巷道、古井、河堤，交相辉映，蔚为壮观。村中保存了非常完善的巷道体系，巷道规划齐整，水道畅通，户户相连，路路相通，村内老道路多为鹅卵石铺设。村北侧井塘边，保存有一段古村通往灌阳县城的古道。古道东侧，原有旗杆石多对，“文化大革命”时被毁。

油茶是灌阳各地时兴的小吃，灌阳油茶也叫“炒米茶”，以炒米为主料，配料有茶叶、鸡蛋、花生、葱花、酸辣椒、绿豆、米粉或面条等。

如果是贵客来临，第一碗茶是要煮甜的，每个客人喝茶的小碗里面还会放进两个煮熟的剥了壳的土鸡蛋。除了第一碗甜茶，真正的油茶要喝够五碗，喝到第四碗的时候，主人要给每个客人的茶碗里放肉，客人在喝完这一碗茶后，就要向主人辞杯，意思是说吃饱了，不能再吃了，女主人会热情地招呼客人再喝一碗，于是客人要坚持喝完第五碗。喝完第五碗后，客人再辞杯，女主人便不再做下去了。如果还没有吃够五碗，就已经很饱了，可以跟主人说明自己吃不下了。但主人会劝再喝下去，这时候，客人就把筷子横着架在茶碗上，以示自己不是因为客气，确实是不能再喝了，主人便不会要客人再喝。还有就是油茶里的酸辣椒是用来做配料调味的，也是放在碗里配色好看，不一定要吃掉，如果不小心吃了，会被辣得面红耳赤，而主人会以为客人喜欢吃还会再加，所以这个酸辣椒放在茶碗里，可以一直留着不吃，主人是不会劝的。

灌阳唐家屯（苏勇摄）

1. 灌阳唐家屯民居门头装饰（周有光摄）

2. 灌阳唐家屯木雕装饰（周有光摄）

3. 灌阳唐家屯唐氏宗祠（周有光摄）

1 | 2
3

# 灌阳达溪村

位于文市镇达溪村委。村民有蒋、杨二姓，以蒋姓为多。据族谱记载，南宋绍兴二年（1132），先祖蒋嫩九为躲避战乱，携家从湖南道州西关桥迁居于此。

村落东、北两面有灌江环绕，村中有全州通往灌阳的交通古道，明末清初逐渐形成以伙铺为主的商业街，长300米，宽3米，沿街铺面100多间，商旅繁荣一时。清康熙九年（1670），在村头、村尾修建凉亭，在村中铺设青石巷道，沿街西侧开挖水渠，民居门口的水渠上面架设大型青石板。商业街两个主要丁字路口的房屋转角石上均镌刻指路碑记，一块为“左走广西右走全（州）”，另一块为“左走道州”。现村落分为南、北两部分，南部为老村，保存有数十座明清建筑，有门楼、风水楼、过道楼和三进、四进式民居建筑。清道光年间曾任知县的蒋柄修建的大院最具特色，共有大厅、倒厅、正房、厢房、配房等房屋24间，梁枋、门簪雕饰人物故事、花草虫鱼，工艺精美。聚德堂建于光绪十八年（1892），坐东北朝西南，三进三开间，两天井院落，占地面积约580平方米；穿斗式砖木结构，盖小青瓦，梁枋、门簪等雕饰精美。达人亭为过道式凉亭，建于清嘉庆二十四年（1819），小青瓦硬山顶，抬梁式砖、木、石结构。南、北无墙，东、西为板墙，墙上嵌有捐资记事石碑。达溪义渡位于村东灌江两岸，渡口分三部分，总长约10米。最下为圆弧形泊岸，最宽处9.8米；中间设一较大的扇形平台，宽5米；再上是长5.25米、宽2.65米的12级大理石台阶至渡亭。近年因大兴基础建设，渡口原貌已被改变。渡亭建于清代，为砖石木结构，两面坡屋顶，平面呈长方形。亭子坐西朝东，南、北两面设有拱门。东墙系料石结构，半墙；西墙为青砖结构，满墙。亭内东、西两侧设条石凳。西墙侧另有房屋三间，为艄公住房。渡亭门洞嵌“义渡”二字石刻，渡亭内尚有其他碑刻，记载内容丰富。渡亭至村子的道路用规整厚实的青石板铺就，由于长时间的行走踩踏，石板中间部分已变得十分光亮，并略微凹陷。登瀛桥位于达溪村大坊屯西北侧，始建于明永乐十七年（1419），为双孔石拱桥，桥长 10.5 米，宽 3.3 米，东西向，水底至桥面高 4.9 米，拱跨 5 米。桥基与桥拱用青石叠砌而成，桥面铺设青石板，桥两端各有青石台阶五级。近年为了方便机动车通行，桥面及两端台阶均用混凝土覆盖填平。桥东头的登瀛亭始建于明弘治六年（1493），方形，歇山顶，石木结构，四根石柱承受整个屋架，石柱上刻有两副楹联。桥和亭为灌阳文市通往全州古驿道的重要节点。占鳌桥位于村口，为清代单拱石桥，桥名源于成语独占鳌头。用方整料石错缝砌成，长 17.8 米，宽 3.95 米，高 3.85 米，拱跨 6.6 米。桥两端原设有台阶，近年为便于机动车通行，用碎石水泥将台阶改造为斜坡式。

灌阳达溪村门楼（周有光摄）

灌阳达溪村（苏勇摄）

灌阳达溪村聚德堂（周有光摄）

灌阳达溪村石板路（周有光摄）

灌阳达溪村占鳌桥（周有光摄）

1. 灌阳达溪村达人亭（周有光摄）

2. 灌阳达溪村水街（周有光摄）

3. 灌阳达溪村渡亭（周有光摄）

4. 灌阳达溪村指路碑记（周有光摄）

| | |
|---|---|
| 1 | 3 |
| 2 | 4 |

## 灌阳岩口村

位于文市镇桂岩村委。村民均为文姓，祖籍江西吉安府庐陵县富田村，宋末避难迁居灌阳文市车头村，明初移居于此。

村落地处都庞岭西麓，倚山面水，布局以平行于水体的轴线对称分列，居民住宅依山顺势排开，井然有序，传统街巷颇具特色，鹅卵石古道曲直迂回。此外，还有青石板路面、丁石路面以及土路加石子混合路面。民居建筑多建于清代，具有桂北民居的特点，均为硬山屋顶，盖小青瓦，青砖墙体，砖木结构，部分墙体下部用青条石砌筑，上部用片石砌筑，也有的用河卵石砌筑，手法独特。多为面阔三间，带天井，中间为厅堂，两侧为厢房。建筑多为两层，通过天井、门窗使室内外空间相通。部分民居配有照壁，有的照墙还有装饰，形成对景效果。文氏宗祠建于清代，坐西朝东，占地 230 平方米。二进三开间，砖木结构，穿斗式屋架，盖小青瓦，梁柱、门簪等雕刻花草虫鱼。祠堂前有旗杆石，为清光绪三十二年（1906）贡生文展纶立。祠堂左侧有村巷门楼。村口有条石砌筑的拱门，拱门后有凉亭名翠福亭，亭柱为整条巨石制作而成，上面镌刻对联。民国二十三年（1934）11 月，红军长征过桂北时曾在该村驻扎。2014 年，文氏宗祠、翠福亭被公布为灌阳县文物保护单位。

该村村民喜爱桂剧，传统桂剧文化在该村得到传承与弘扬。

灌阳岩口村（苏勇摄）

灌阳岩口村红军岩（周有光摄）

灌阳岩口村石拱门及凉亭（周有光摄）

1. 灌阳岩口村民居门头装饰（周有光摄）

2. 灌阳岩口村民居墙体（周有光摄）

3. 灌阳岩口村旗杆石（周有光摄）

1 2 | 3

## 灌阳青箱村

位于新街镇青箱村委，灌江从村前流过。村民均为王姓，祖籍江南应天府（今南京）溧阳县，先祖于明初由镇守辽东改调广西，驻军于崇顺观音阁；宣德三年（1428）调灌阳守御所，定居观音阁，其长子后来移居此地。

村落整体布局规整，街巷多为鹅卵石或青石板铺就。民居建筑始建于明后期，多为传统四合院式，房宇高大，鳞次栉比，既有本地建筑特点，又有徽派建筑风格，粉墙、青砖、马头墙，砖木石雕，层楼叠院，高耸飞檐，曲径回廊，规模宏大。部分建筑墙体用河卵石砌筑。该村现存多处祠堂建筑。王氏总祠堂建于清代，为两进三开间带天井砖木结构，硬山顶盖小青瓦，墙体用青条石垒基，青砖墙到顶，内部为木结构，石质柱础雕刻有各种图案。内院天井为青石板镶嵌，光滑整洁，古朴典雅。天井有一口石质水缸，用整块大青石挖空雕凿而成，有“同治九年”款。秉表公祠堂始建于清代，硬山式建筑，三进三开间。现存建筑正立面呈三券拱形，大门也为券拱形，墙脚、天井用白石砌筑，檐柱也采用白石，檐下刻绘花卉、人物图案。花祠堂始建于清代，硬山顶，抬梁式砖木架构，两进三开间。头门歇山顶，莲花斗拱，工艺精巧。脊塑瑞兽、花鸟、人物，造型逼真，栩栩如生。村中尚有古戏台、古井、古树等遗存。2017年，青箱村古建筑群被公布为广西壮族自治区文物保护单位。

据传，青箱村为灌阳红薯粉发源地。灌阳盛产红薯，红薯是当地主食之一，但由于红薯产量太大，贮藏过久易腐烂变质，于是该村先祖王德铭派其子到湖南江永学习红薯加工技术，学成归来将加工技术传授给当地百姓。从此，青箱村民世世代代自制红薯粉。灌阳红薯粉晶莹剔透，柔韧爽口，食而不腻，营养丰富，是灌阳重要的土特产。

灌阳青箱村（苏勇摄）

灌阳青箱村花祠堂（周有光摄）

1. 灌阳青箱村秉表公祠（周有光摄）

2. 灌阳青箱村王氏总祠堂石质水缸（周有光摄）

3. 灌阳青箱村王氏总祠堂柱础（周有光摄）

1
2 3

# 灌阳夏云村

位于水车乡水车村委。村庄三面临江，灌江与西江在村西北汇合。传说明洪武初年有大军驻扎在大营村，有部分兵员驻扎于此，故名下营，后音变为夏云。村民多为文姓。

村落建于清代，基本连接成片，布局整齐划一，房屋座座相连，有规整的巷道沟通，巷子设有门楼，村庄有完整的防御设施。传统民居建筑均为硬山顶，盖小青瓦，青砖墙体，砖木结构，山墙多有徽派建筑风格的马头墙。建筑形式多为两进带天井的合院式，走进房屋大门，迎面是照壁，绕过照壁，其后是天井，周围布置堂屋、厨房、卧室。房屋多为上、下两栋，梁、枋、门、窗等多雕刻人物故事、花草虫鱼图案。村内道路路面多用鹅卵石铺成。文家祠堂又名乃辉公祠，位于村子中部，始建于清光绪年间，建筑坐西朝东，占地面积 381 平方米。三进三开间，穿斗式砖木结构，硬山顶盖小青瓦，两侧为三阶马头墙，北

灌阳夏云村文家祠堂（周有光摄）

边配耳房，连着门楼。建筑内梁、枋、门簪等雕刻人物故事，花草虫鱼，工艺精细。2008年修复前殿，改用黄色琉璃瓦，脊塑双龙抢珠。民国二十三年（1934）11月28日，红三军团六师十六团奉命在苏江布防阻击敌人，指挥部即设在文家祠堂。该村文富强家院墙上，书写有红军标语“反对何健（键）压迫士兵修马路、修堡垒，进攻红军！”标语为石灰水书写，楷体，字径约50厘米。

村中现存十余棵上百年的古树，以樟树、槐树居多，其中村东南的一棵古樟，树龄已近千年。

灌阳夏云村民居山墙（周有光摄）

灌阳夏云村民居木雕装饰（周有光摄）

灌阳夏云村（苏勇摄）

# 灌阳白竹坪屯

位于文市镇桂岩村委。村民多为赵姓、文姓。赵姓先祖于明末清初自全州白塘村迁移到白石村（今清塘村水源屯对面将军山一带，距白竹坪不远），复徙居于此。传说，当年赵姓先祖放牛至此，所放之牛留恋这里水草丰美，不愿返回，因此举家迁徙到此。

村中传统民居建筑集中成片分布，均为硬山顶盖小青瓦，青砖墙体，砖木结构，部分墙体用河卵石或片石砌筑，村口门楼及部分民居建筑有马头墙式防火山墙，部分建筑构件雕刻花草及动物图案，天井用青条石砌筑，有完善的排水设施。传统建筑数量不多，规模不大，单栋建筑体量较小，装饰较为简单。村中尚存清代至民国时期的石臼、碑刻等遗存。

打带子是白竹坪妇女的手工工艺。每年春节后的农闲时间，心灵手巧的妇女使用竹片刀将各色丝线打制成多种花纹的带子。这些带子也成为未婚女青年送与男方的定情信物。

1. 灌阳白竹坪屯（苏勇摄）

2. 灌阳白竹坪屯门楼（周有光摄）

3. 灌阳白竹坪屯民居（周有光摄）

1
2 | 3

# 灌阳徐源村

位于灌阳镇，包括徐家屯、刘家屯等村屯。地处源口洞（古称灵源洞）上洞，宝盖山、靠狮山似巨龙逶迤翻腾，大源江、小沅箐两水傍村流过，在村前汇合注入灌江，村周良田千亩，与群山、小河、村庄交相辉映，一派田园风光。

刘家屯村民均为刘姓，先祖刘海于元末明初随朱元璋开国建功，敕封靖远将军，明永乐二年（1404）钦调灌阳任宜守御千户，入源口建村辟庄，后子孙定居于此。村庄形成于明代，现存传统建筑主要修建于清代，部分延续到民国时期。传统建筑集中连片分布，风貌协调统一，仍有居民生活使用。村落仍保持良好的传统格局，街巷体系完整。民居建筑坐西朝东，均为小青瓦硬山顶，砖木结构，多为三进两天井院落。天井上方的厅堂是家人活动和招待客人的地方，堂上均设有供奉“天地国亲师”的神龛，有的神龛上方还悬挂有匾额。厅堂南北双开大门，便于空气流通和过往行走。有的建筑在砖墙外面覆盖一层黄色土料，有的在山墙侧开圆孔形或券拱形窗。村中主巷道用青石板或卵石铺设，部分路面覆盖三合土。村中心有一大水塘，边上尚存古井一口。坐落北面村口的刘氏宗祠建于清同治年间，砖木结构，两天井院落。正面呈四柱三间形式，中开券拱形大门。内部天井宽大，两侧设过廊。屋架穿斗式结构，梁枋雕饰人物、动物及花草图案，后座天面绘有太极图案。村前有明清时期修建的围堤和石拱桥，堤上古树成荫，桥下流水潺潺。此外，村中还有纺纱织布和造纸的小作坊，均使用传统工艺。徐家屯村民均为徐姓，据《徐氏族谱》，先祖原籍江南，元末明初以办团御匪有功，荣升湖南永州府千户侯，遂择东安乐福村而居，后因家道窘迫，于清康熙二年（1663）来到灌阳做生意，见此地山清水秀，风俗纯美，遂卜居仁江堡靠狮山，以耕种为业，形成今之村落。现存传统民居多建于清至民国时期，少量建于20世纪五六十年代。地处村落中心的徐家大院，建于清代，建筑规模宏大，由主屋和横屋组成，主屋三进两天井院落，硬山顶盖小青瓦，砖木结构，设人字山墙和二阶马头墙，脊端高翘，灰塑花草动物图案。大门石质门框，墙体转角置转角石。室内木构装修，穿枋雕饰双凤朝阳以及麒麟、仙鹤图案。门额上多有文字，部分文字于“文化大革命”时被用涂料覆盖。后座屋架及左侧墙体歪闪严重。横屋天井照墙上灰塑竹石、松鹤等图案。逢年过节，常在大院内举办徐氏宗亲聚会活动。村中巷道用青石或河卵石砌筑，部分道路已改用混凝土浇筑，巷道一侧布设水渠，上面用水泥预制板覆盖。

舞龙、舞狮、舞牌灯是当地流行的传统文娱活动。每逢重要节庆均有表演或比赛。舞狮有单人舞、双人舞，并配有罗汉、猴子和武术队。舞龙有青龙、黄龙和草龙。牌灯一堂（队）24 ~ 32人不等，每个牌灯上写一个字，一堂牌灯联成一句话，多为恭祝吉祥、如意、丰收、幸福等内容。

灌阳徐源村徐家屯（苏勇摄）

灌阳徐源村刘家屯（苏勇摄）

灌阳徐源村刘家屯民居及水塘（周有光摄）

1. 灌阳徐源村徐家屯民居（周有光摄）

2. 灌阳徐源村刘家屯民居门头装饰（周有光摄）

3. 灌阳徐源村徐家屯民居门额文字（周有光摄）

1
2 | 3

灌阳徐源村徐家屯徐家大院主屋与横屋之间的廊道（周有光摄）

灌阳徐源村徐家屯徐家大院内景（周有光摄）

灌阳徐源村刘家屯刘氏宗祠（周有光摄）

灌阳徐源村徐家屯调查（周有光摄）

# 灌阳王道村

位于文市镇王道村委，该村所在地属典型的大石山区，四面环山。村落坐北朝南，北靠狮子山，南临两个池塘和一片稻田，村边有一条名叫后龙江的小河流过。村民均为王姓，宋代由山西太原迁来。据传，王氏先祖于北宋时为逃避仇家追杀流落至此，取村名为木老（远祖想顺应自然规律，跟树木一样安静、自然地老去）。中华人民共和国成立后，长辈希望后代子孙能够有出息，不做恶事，伸张正义，匡扶正道，故改村名为王道。

村落传统民居建于清至民国时期，多为硬山顶盖小青瓦砖木结构建筑，墙基多用青条石砌筑。其中一座民居，脊端高翘，门头砖雕灰塑，还有文字绘画装饰；两侧脊下有“福”“禄”两字，文字下面开有多孔形窗；天井用巨大的青石板铺设，堂屋正中悬挂牌匾，横书“耆德尊荣”四个金色大字，右侧竖书“钦命翰林院编修提督广西学政杨为”，左侧竖书“从九品王植耀七一荣寿”“大清同治七年岁次戊辰季秋月谷旦立”。另一座民居大门用巨型长条石砌筑，石上浮雕凤凰图案。

村中现存贵清公祠、贵亮公祠两座王氏宗祠。贵清公祠建于清光绪十八年（1892），占地面积 103 平方米。1931 年 1 月 2 日，红七军在前委书记邓小平以及总指挥李明瑞和军长张云逸的率领下占领全州县城，5 日离开全州，向东南进入灌阳的陈家坪、王道、勒塘一带并宿营，军指挥部设在王道贵清公祠。红七军进入王道后，张贴布告，召开群众大会，号召贫困农民团结起来，打倒贪官污吏、土豪劣绅，废除苛捐杂税，实行土地革命。红七军在王道村短暂修整后于 6 日早上离开驻地，经永安关进入湖南道县，北上中央苏区。

村后尚存明清时期古驿道，路面用青石板铺设，路边或用片石砌筑。古道上有一座过道式凉亭，因年久失修，屋面已全部坍塌，仅剩砖石墙体。跨后龙江有一座单孔石拱桥，保存完好。古驿道因红军经过且影响深远而被称为红军路。村后的狮子山有个岩洞，名狮子岩，岩口用方形石块砌成拱形门，拱门上有瞭望口。狮子岩筑于清代，是村民为防御外来贼匪而专门修建的。村口现存一座凉亭，屋面已损毁无存，仅剩四根石质立柱，柱面镌刻对联及捐资修亭情况。距凉亭不远，尚有古井一口，至今仍为村民使用。

村落传承着桂剧、孝歌等非物质文化遗产。村民平时习惯制作、食用苦茶，在过年的时候做糍粑。每年农历二月初八这一天，人们早早地赶到县城，大街小巷人头攒动、人声鼎沸，“土产山货将大街填窄，欢声笑语把小巷挤宽”。农民趁着节日买卖犁耙、箩筐、棚垫、簸箕、米筛、锄头、镰刀、桌椅、板凳等，个个喜笑颜开，满载而归。2000 年，灌阳县人民政府正式将农历二月初八定名为“农具节”。2009 年，时值万亩梨花盛开，结合深厚的瑶族文化、丰富的农具文化和极具特色的桂剧文化，当地又将名称改为“灌阳千家洞瑶族文化旅游节暨灌阳二月八农具文化节”。

灌阳王道村（苏勇摄）

灌阳王道村古驿道（周有光摄）

灌阳王道村凉亭遗址（周有光摄）

灌阳王道村石拱桥（周有光摄）

灌阳王道村民居（周有光摄）

1. 灌阳王道村民居脊下装饰（周有光摄）

2. 灌阳王道村民居门头装饰（周有光摄）

3. 灌阳王道村贵清公祠（周有光摄）

1 2 | 3

1. 灌阳王道村民居石质大门（周有光摄）

2. 灌阳王道村民居牌匾（周有光摄）

3. 灌阳王道村民居墙体刻画文字（周有光摄）

1
2 | 3

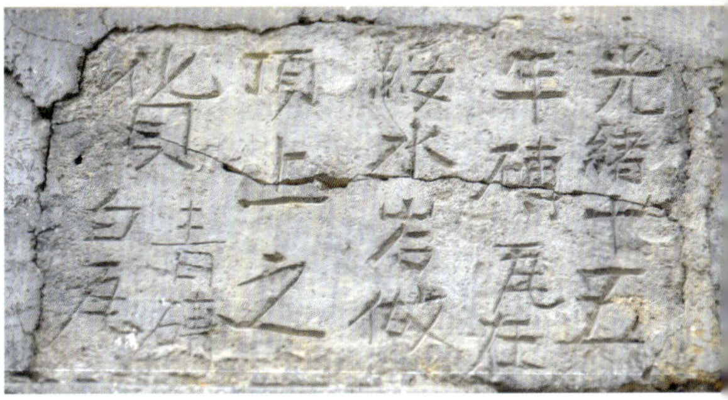

# 灌阳桐子山屯

位于黄关镇兴秀村委南面。村落坐南朝北，背山面水，背靠都庞岭山脉，村北有灌江支流由西北往东南流过，西侧对望灌江。村前有大片农田，一条水渠将桐子山屯与杨梅凹屯一分为二。村落形成于明代，兴盛于清代，村民均为蒋姓。据蒋氏族谱记载：先祖原籍山东，曾任平乐府（今桂林市平乐县）府台，离任不愿归里，先迁居灌阳观音阁，明成化十一年（1475），后人迁居黄关兴秀村，再迁居桐子山。随着人员不断增加，部分蒋氏后人遂搬迁到相邻的杨梅凹居住生活。

建筑依山势而建，逐级抬高，巷道或用石板、片石铺设，或用鹅卵石镶砌，台阶用方整的青石板砌筑。现存较完整的传统民居六座，均为硬山顶盖小青瓦砖木结构建筑，穿斗式屋架。门头多有灰塑装饰，有的还有凤凰、麒麟、仙鹤、喜鹊、花草、钱纹等多种吉祥图案以及文字装饰。门簪或刻有“福”“禄”等吉祥文字。窗扇、穿枋雕饰花草、鸟兽图案。天井常用鹅卵石镶砌成各种图案。一座民居大门门头装饰文字、彩绘和浅浮雕，室内天井周边木构浮雕凤凰牡丹、喜鹊登梅等图案，横屋砌筑立面呈直角三角形的土台，斜面铺设青石台阶，用作通达二层的楼梯。蒋氏宗祠始建于明万历二十六年（1598），建筑坐东南朝西北，占地面积595平方米，砖木结构，穿斗式屋架，硬山顶盖小青瓦，两面坡人字山墙，包括前座、后座及天井，建筑梁、枋以及门簪等雕刻人物故事、花草虫鱼，工艺精细，保存基本完整。蒋氏大祠堂坐落在相邻紧靠的杨梅凹屯，为两个村屯蒋氏共有的祠堂，因年久失修，屋面已损毁坍塌，墙体基本保存，墙基用青条石砌筑，正面墙体立面呈四柱三间形式，大门券拱形，墙体顶部呈人字形，门前台阶用青条石砌筑。村落尚存古井两口以及石臼、石水缸、练武石等遗存。

村民每天都离不开油茶。灌阳油茶也叫“炒米茶”，是灌阳最有名的小吃之一，油茶主要配料有茶叶、姜、炒米、花生、葱花、酸辣椒、绿豆、米粉或面条等，具有健胃消食、驱寒避暑、延年益寿等功效。灌阳“二月八”农具节最早始于唐代的庙会，起初各地的民众只是相约农历二月初八到灌阳县城赶庙会，并借此机会进行各种农具、农产品的交易。随着参加“二月八”庙会的商人越来越多，农具生意也越发兴旺，赶庙会逐渐演变成了农具及农副产品交易会，农具节也因此成了灌阳县独具特色的节庆活动。

灌阳桐子山屯（苏勇摄）

灌阳桐子山、杨梅凹屯蒋氏大祠堂（周有光摄）

灌阳桐子山、杨梅凹屯民居木雕（周有光摄）

灌阳桐子山屯民居修缮（周有光摄）

灌阳桐子山屯民居门头装饰（周有光摄）

灌阳桐子山屯蒋氏宗祠（周有光摄）

灌阳桐子山屯练武石（周有光摄）

# 灌阳杉木屯

位于新街镇飞熊村委，地处都庞岭下，灌江东岸。村落形成于明代成化年间（1465 ~ 1487），由全邑（今全州）桥渡迁来。村民均为谢氏和贺氏两姓，以谢氏为多。

村落现存清至民国时期传统民居数十座，依六条古巷道布局，每条古巷道长数百米，部分巷道保存着原来的鹅卵石路面，也有的巷道路面用青石板或较大的河卵石砌筑。祠堂建筑是杉木屯的重要标志，全屯现存谢氏祠堂四座、贺氏祠堂两座。祠堂位于每个家族的中心区域，为同一家族成员活动的中心。每个家族的民居建筑围绕祠堂布局，均为硬山顶盖小青瓦，砖木结构，大多坐南朝北或坐北朝南，由房屋和围墙组成封闭的空间。中间为堂屋，两侧为厢房，堂屋前面敞开，与天井连为一体。房屋只开少数小窗，采光主要依靠天井。每座建筑开有边门，便于与同家族其他建筑连通。

谢氏宗祠始建于明万历四十一年（1613），由主屋与横屋组成，占地面积 358 平方米，小青瓦，硬山顶，穿斗式砖木结构。主屋蜈蚣山墙，横屋二阶马头墙。宗祠坐东朝西，主体建筑分门楼和正厅两部分。门楼前立门鼓石和旗杆石各一对，旗杆石上分别书刻“同治五年乙丑例授明经进士谢正道建立”“钦命提督学院赵为光绪拾捌年壬辰岁考取明经进士谢正士奉建”。正门门额上悬挂“谢氏宗祠”牌匾，两侧门框牌匾上镌刻“万古纲常第”“千秋礼乐门”。正厅八柱，柱础上雕刻有各式花纹，梁、枋上均雕饰龙凤花草虫鱼等图案。正厅前部上方悬挂乾隆五十七年“武魁”牌匾和乾隆甲寅恩科“进士”牌匾，后部上方悬挂“谢氏宗祠”牌匾及道光壬辰年“先泽永芘”牌匾。门楼和正厅之间有天井，天井两侧有回廊。祠堂左侧横屋有厨房、粮仓、杂物间等附属用房。祠堂后面原有戏台和院落，现已毁无存。谢氏宗祠于 2001 年被公布为灌阳县文物保护单位。谢氏真宇公祠、彧之公祠、谢氏四宗祠、贺氏宗祠、贺氏二宗祠，建筑形式和风格与谢氏宗祠大同小异，其中谢氏四宗祠梁枋木雕尤其精美。

该村历来崇文尚武，明清时期考取庠生、武生 26 人，村内尚存武馆建筑及练武石遗存。村东侧河边有一座高 6 米的古塔。古时候由于下雨，河水猛涨，时常把周边农田淹没，据说祖先为了保护村庄良田，请来高人在河边修建了一座镇河宝塔，从此河水再也没有淹没周围农田。

灌阳“二月八”农具节最早始于唐代的庙会。据传，唐代高僧无量寿佛圆寂后常显灵于湘南（今桂北一带），因此每年农历二月初八寿佛生辰这天，各地善男信女都要齐聚寺庙朝拜，形成了“二月初八朝寿佛”的民俗。始建于唐代的灌阳云台寺，是湘桂十余邻县各族同胞信奉无量寿佛的朝拜胜地。于是每逢此日，附近各县的人们纷纷涌进灌阳朝拜，热闹非凡，形成盛大的“二月八”庙会。村里还传承着手工编织竹制品的传统技艺，编织竹制品的匠人称为篾匠，他们用篾刀和多种工具将毛竹劈成各种宽度、厚度的篾，然后用这些篾编成各种生产工具和生活用品，比如篮子、筛子、箩筐、畚箕、凉席等。

灌阳杉木屯（苏勇摄）

灌阳杉木屯贺氏宗祠（周有光摄）

灌阳杉木屯练武石（周有光摄）

灌阳杉木屯谢氏四宗祠（周有光摄）

灌阳杉木屯谢氏四宗祠梁枋木雕装饰（周有光摄）

灌阳杉木屯谢氏四宗祠大门（周有光摄）

1. 灌阳杉木屯谢氏宗祠（周有光摄）

2. 灌阳杉木屯谢氏宗祠内景（周有光摄）

3. 灌阳杉木屯谢氏彧之公祠（周有光摄）

4. 灌阳杉木屯谢氏宗祠门前旗杆石（周有光摄）

1 3
2 4

# 恭城乐湾屯

位于恭城镇乐湾村委。村民为陈姓、钟姓、罗姓等，以陈姓为主。据广西恭城乐湾陈氏宗谱，陈姓先祖于清嘉庆二年（1797）由福建漳州迁徙平乐府，嘉庆四年（1799）到此定居。该村西靠“恭城八景”之一的“二童讲书”两山，东临茶江，沿江有长达 3 000 米的古樟林环绕围护。

村中传统民居为清代建筑，一般为中轴线对称布局，有三重门、天井和堂屋，堂屋两边为厢房，天井两边为厨房和柴房。民居均青砖黛瓦，坡顶，马头墙，高墙深院，飞檐翘角，青石大柱，雕梁画栋，颇具岭南民居风格。村中巷道用青石板铺设，排水功能完善。村内现存宗祠 4 座，为显巍公祠、陈氏宗祠、陈五福宗祠、陈四庆宗祠。显巍公祠俗称乐湾大屋，为陈家宗祠，清嘉庆末年兴工，道光初年建成，历时 9 年，占地面积 2 244 平方米，建筑规模宏大，造型结构独特，内部分为多座大小不一的四合院，以天井回廊相连通。陈氏宗祠建于清代，历经多次建成。宗祠门厅建于嘉庆年间（1796 ~ 1820），天井、享堂建于道光十二年（1832），寝堂建于同治元年（1862）。整个建筑坐西朝东，占地面积约 420 平方米。主体建筑可分为前座、天井、中座、天井、后座、南北厢房等，人字坡，硬山墙，砖木结构，封檐板及门窗雕花，墙壁有壁书和彩绘壁画。宗祠历经多次维修，整体结构保存完整，仍保持原有风貌。大门前分别立有清同治三年（1864）、光绪十七年（1891）的旗杆石，大门对面有一“福”字照壁，字径约 1 米，福字两侧为对联一副。陈五福宗祠分为前座、前天井、中座、后天井和后座几部分，硬山顶盖小青瓦，青砖墙，穿斗式木构架。宗祠大门门额采用仿欧式弧形拱门，门额上书“云蒸霞蔚”，两侧对联“眼光周世界，民族庆和平”。其下门楣上书“陈五福宗祠”，两侧对联为“五典垂经训，福田裕后昆”。大门墙头泥塑麒麟、狮子、玉兔各一对，外墙墙面装饰壁书和壁画。后座正堂顶部为藻井装饰，大梁南、北两端墨书“陈五福宗祠合族嗣孙人等新建百世流芳”“大清光绪二十八年岁次壬寅季秋月初八谷旦立”，中间绘太极图案。殿内雕梁画栋，工艺精巧。陈四庆宗祠建于光绪二十二年（1896），三进三开间，砖木结构，大门正中书“陈四庆宗祠”，配水墨壁画三幅。乐湾村古建筑群于2017年被公布为广西壮族自治区文物保护单位，2019年被公布为全国重点文物保护单位。

恭城乐湾屯（周有光摄）

1. 恭城乐湾屯陈氏宗祠（周有光摄）

2. 恭城乐湾屯陈五福宗祠门头装饰（周有光摄）

3. 恭城乐湾屯显巍公祠（乐湾大屋）柱础（周有光摄）

1
2 | 3

恭城乐湾屯显巍公祠（乐湾大屋）（周有光摄）

恭城乐湾屯传统村落保护建设调研（周有光摄）

# 恭城常家屯

位于栗木镇常家村委。明朝前此地原名大立村，为熊姓、刘姓、朱姓聚居地。据传，明常遇春之长子常茂与李氏生育的四个儿子迁徙至此，后人丁繁衍，原来的熊姓等姓氏子孙迁徙殆尽，常姓发展为村中大姓，遂改名常家村。现村中有周、王、廖、温、林、欧阳等姓氏。

村庄三面环水，村东紧靠山岭，山岭南面有古驿道通龙虎关。村前河流是湖南江永至广西梧州的重要水运线路，船只过往频繁，贸易繁荣，主要贩运湖南黄糖和两广海盐。常家村段水流平缓，逐渐成为过往船只停靠休息的重要码头，沿河街铺商贸自然发展起来。村子坐北朝南，由东向西依地势高低分为高寨、中寨、水寨三部分。水寨为村西部分，因其地势最低，濒临河流得名。寨中曾建有仲豪公祠，春秋祭祀，公祠右侧曾建有清代所设常家司署卫，后为常家乡公所。抗战期间，村中设立乡合作社，经营食盐。

村落从西至东分布九条巷道，铺砌卵石，与院落相连通。街道两侧为沿街铺面，原有药材肆、酒米店、榨油坊、榨糖坊等，现仍保留大部分的铺面木房。

现存历史遗存还有宗祠、民居、闸门、炮楼、诰封碑、古井、旗杆石等。宗祠和传统民居均为硬山顶砖木结构建筑，多为三开间两进院落。开平宗祠位于村西，是常氏家族祭祀先祖的场所。武举人常静纯故居原为三开间两进院落，现前座仅剩墙基，后座保存较为完整。据当地老人介绍，当年常静纯辞官回乡，带领村民种桑养蚕，后座两侧厢房和院子就是当时养蚕种桑的主要场所。文举人常静专故居门前用卵石铺砌出铜钱图案，天井四角用扇形青石铺砌，其余用

恭城常家屯（苏勇摄）

白色和褐色卵石铺砌出规整的吉祥图案。常静德故居大门门簪透雕八仙中的蓝采和及何仙姑形象，两侧檐墙和墀头上灰塑张果老、韩湘子等八仙人物形象。村中原有三座炮楼，两座 5 层，一座 7 层，均为砖结构，每层设有木窗、枪眼，现仅存两座 5 层炮楼。

常家村临河沙洲宜种甘蔗，20 世纪 70 年代前后榨糖业较为发达，现河岸边仍可见遗留的榨糖石。

恭城常家屯武举人常静纯故居修缮（周有光摄）

1. 恭城常家屯民居及巷道（周有光摄）
2. 恭城常家屯民居月亮门（周有光摄）
3. 恭城常家屯民居门槛石（周有光摄）

1 | 2
3

# 恭城大合屯

位于栗木镇大合村委。始建于五代末至宋初，村民有周、王、常、许等姓，现以欧阳姓居多。元至元年间，先祖欧阳立诗从湖南永明（今江永县）黄甲乡来到恭城栗木，清嘉庆年间迁此。明末清初，各姓氏人口发展相对平衡，村名称大和（和谐之意），清道光之后称大合。

村落被穿村而过的公路分成上大合与下大合两部分。现存明清时期的民居建筑数十座，均为硬山顶盖小青瓦，砖木结构。欧阳宗祠名“乐山堂”，始建于清康熙二十四年（1685），嘉庆、道光年间重修，坐东朝西，占地面积 232 平方米。建筑布局为两进一院，砖木结构，抬梁式构架，两边设有厢房和伙房。两面坡屋顶，小青瓦，门楼为镬耳山墙，正殿为马头墙，后殿为硬山墙。天井两边设有回廊，并开月亮门连通厢房。檐柱为青石方柱，内部为圆形木柱，石质柱础上雕饰各种花草动物图案。宗祠内有清嘉庆九年（1804）《重修祠堂碑记》等碑刻 13 件。宗祠前有古井，井边有旗杆石 3 组，分别为清嘉庆三年（1798）举人欧阳光、咸丰三年（1853）岁贡欧阳昱以及加授同知衔邑庠生欧阳口立。下大合村欧阳宗祠建于清道光十八年（1838），坐东朝西，占地面积 240 平方米，建筑面积 227 平方米。建筑布局为前厅、天井、中厅及后厅，两边设厢房及伙房。大门门额上方装饰卷棚，风檐板有木雕。天井两边开侧门进入厢房。建筑为人字坡，硬山顶，砖木结构，抬梁式木构架，盖小青瓦，前厅为镬耳山墙。紧挨祠堂南侧为学堂，建于清道光二十九年（1849），为围合式院落格局，两面坡屋顶，盖小青瓦，青砖墙体，内部为穿斗式木结构，建筑整体造型独特，具有中西合璧的特点，门楼为三间四柱结构，中间大门券拱形，两侧开券拱形镂空窗。碉楼建于清代，墙基用石块砌筑，上面用青砖砌筑，两面坡屋顶，高三层，墙体上开券拱形、

恭城大合屯（苏勇摄）

长方形门窗以及细长形内宽外窄的瞭望射击孔。该村现存部分民国至 20 世纪 80 年代的民居建筑，两面坡屋顶，盖小青瓦，采用硬山或悬山形式，墙体用青砖、红砖或黄色泥砖砌筑，木质屋架门窗。村中巷道用河卵石铺砌，部分已改为水泥路面。村西路旁立有诰封碑，碑高 3.15 米，宽 1 米。碑额上镌刻“圣旨”二字，碑文上方及两侧浮雕云龙图案；碑文内容为欧阳忠海功成名就，为报父母养育之恩，请旨而立。村中尚有古桥等历史遗存。

1. 恭城大合屯宗祠、学堂修缮（周有光摄）

2. 恭城大合屯诰封碑（周有光摄）

3. 恭城大合屯炮楼（周有光摄）

恭城大合屯欧阳宗祠（周有光摄）

恭城大合屯调查（苏勇摄）

## 恭城石头屯

位于栗木镇石头村委。村民多为田姓，瑶族。据栗木镇大石桥屯《田氏族谱》记载，石头屯村民祖籍山东青州益都，先祖田福曾任昭州（今平乐）刺史，宋庆历四年（1044）卒于任。田福生五子，次子田法兴居石头。

村子居都庞岭腹地，三面环山，南面傍水，村中建筑大多坐北朝南，两条小巷纵贯全村。村南有三个寨门，西北角有后寨门，寨门间有环形村道相通，并与村中小巷相连。寨门为青条石砌筑，门楼用砖木砌筑。现存民居建筑约 100 座，建于清至民国年间，分布较为集中，保存基本完好。传统民居均为硬山顶盖小青瓦，青砖墙体，砖木结构，马头墙，飞檐翘角，檐下或有喜鹊登梅、花鸟虫鱼等壁画。村中原有两座祠堂：一为仁公堂，建于清道光四年（1824）；一为刺史祠，建于明弘治二年（1489），均已不存。两座始建于清代的炮楼原雄居村中央，今尚存一座，砖石结构，墙壁厚而坚固，高四层，四面设瞭望孔和射击孔。村后山峡隘口有一古桥，建于清乾隆年间，清光绪《恭城县志》有记载。桥为三墩三孔简支石柱墩石梁桥，桥墩采用两根两端有榫的石柱直立，下端插入河床生根石中，上端插入承梁，桥柱与基石、承梁共同构成一个矩形框架。承梁两端固定桥面九块青石板，因此而得名“九板桥”。桥长 5 米，高 2 米，桥面宽 1.5 米。该桥

结构独特，坚固耐用，经历一百多年的河水冲击，仍保持原来的风貌。村后尚有一条长达1 000米的石板路经九板桥通小湾村，路面用不规则的片石铺砌，修建于乾隆年间。另有两座神亭，是村民祭神和纳凉、集会的场所。一座建于明弘治年间，现存遗址。另一座始建于明代，清光绪三十一年（1905）重修。平面呈正方形，建筑面积97平方米。亭为石木结构，重檐歇山式小青瓦屋面，抬梁式构架，由四根青石柱和四根木柱承受屋面，木柱下有高脚柱础，周围用青石条砌成台基，地面用水泥重铺。在亭的北面设有神台和香案，供奉关公神像，墙上彩绘鲤鱼跳龙门图案。该神亭于1992年被公布为恭城瑶族自治县文物保护单位。村人崇文尚礼，村中今存清代旗杆石8组，可见当时科举文化的兴盛。

恭城石头屯（苏勇摄）

1. 恭城石头屯民居大门（周有光摄）

2. 恭城石头屯炮楼（周有光摄）

3. 恭城石头屯旗杆石（周有光摄）

1
2 | 3

恭城石头屯神亭（周有光摄）

恭城石头屯水井（周有光摄）

# 恭城凤岩屯

位于莲花镇凤岩村委。村民以俸姓为主，多为瑶族。村落坐南朝北，背靠三座青山，茶江的支流势江绕村西北而过，长岭之下是蜿蜒500多米长的青石板路。民居建筑绕山而建，整个村落形如“飞凤”，故名凤岩村。

为了沾上“飞凤”的灵气和福气，房屋都紧贴着山崖而建，坐南朝北的房屋，大门都朝向东方的“凤头”和“凤嘴”。“凤嘴”之下是山寨大门，寨门夹在青石垒砌的土楼与寨墙之间，用厚重的杉木板做成门板，粗大的圆杂木做门杠。村中现存清代民居建筑12座，多为清道光后所建，大部分是俸氏家族的老宅，总建筑面积约1 500平方米，大体分为两排，中间为青石板巷道。建筑为小青瓦硬山顶，青砖墙，砖木结构，二进或三进院落式布局，飞檐翘角，彩绘壁画，室内木结构雕花繁多，工艺精细。部分房屋有马头墙，券拱形门，砖雕镂空窗，翘角装饰龙爪形图案。还有部分房屋厅堂、天井和厢房均呈扁长形，结构布局较为特别。清代民居往南延伸，为民国时期的建筑，共有20余座，保存相对较好，建筑规模较大，但建筑工艺明显不如清代建筑。一座民居檐墙上墨书“户口违警暂行罚……”“中南区居民声报……”，内容为户口申报、管理、处罚方面的规定，书写时间应为中华人民共和国成立初期。

该村至今还流传一套比较完整的长鼓舞，以其作舞时吹笙伴以打长鼓的特点而得名“吹笙挞鼓舞”，已被列入广西壮族自治区非物质文化遗产保护名录。恭城瑶族每天早餐都要打油茶，有的家庭甚至三餐离不开油茶。油茶不说煮而称“打”，是因其有一种独特的制作工艺。先将泡软的茶叶放入茶锅中，再放生姜、花生、蒜片等佐料一起锤打，待茶锅冒烟发出沙沙响声时，再倒入适量热水，茶水沸后放盐，起锅滤入碗中。油茶要边打边喝，慢慢品尝，因为“一杯苦，二杯甲（涩），三杯才是好油茶”。恭城油茶常与其他小食搭配同食，叫“送油茶”。送油茶的食品很多，传统的有炒米（米花）、炒花生、排散、油炸饭锅巴、红薯、芋头、玉米及柚子叶粑、狗舌粑、大肚粑、油堆粑、羊角粽等。恭城油茶具有消食健胃、驱湿避瘴之功效，又被称为“爽神汤”。恭城油茶习俗于 2021 年被列入国家非物质文化遗产代表性项目名录。

恭城凤岩屯民居（周有光摄）

恭城凤岩屯民居墙体上的文字（周有光摄）

恭城风岩屯民居山墙（周有光摄）

恭城风岩屯传统村落保护建设调研（周有光摄）

# 恭城朗山屯

位于莲花镇朗山村委，背靠朗山，东临莲花河。该村为瑶、壮、汉多民族聚居的村落，以瑶族为主，村民有周、石、覃、黄、赵、陈、唐等姓，以周姓居多。周姓祖籍河南上蔡，明末从湖南宁远迁居于此。

村落依山而建，随地势逐级抬升。现存传统民居6座，建于清光绪年间（1875 ~ 1908），坐西朝东，依次排列，形成一个宽约200米、深约100米的古建筑群。各房以门楼和院墙间隔独立成院，同时侧门和巷道又相连成一体。这样的建筑形式，在发生火灾时不会殃及邻里；遇盗匪行窃抢劫时，各房又可联防共同御敌。村中还建有碉楼，巷道多为青石板铺设，村头、村尾置有门楼，村外围有用料石砌筑的寨墙。每座民居占地面积约300平方米，三进两天井院落，前座为三开间门楼；穿过门楼是天井，两侧为厢房、跑马楼；穿过天井拾级而上到中座主楼，中间为堂屋，两侧为房间；穿过堂屋后面又留天井，天井较窄，主要为解决屋面排水而设；后座为厨房。建筑均为砖木结构，清水砖墙，硬山顶，小青瓦，有高低错落的防火山墙和花饰繁多的建筑构件，门窗槅扇，梁枋雀替，精雕细凿，工艺精湛。建筑墙体上有彩绘壁画100余幅及各种吉祥图案，部分墙体上还有壁书、壁诗，书体多样，有的还写成反书，极具特色。村头门楼之后保存有一座惜字炉，为六角形塔式建筑，分上、中、下三层，下层窗额上书刻“惜字炉”，落款“大清光绪十二年丙戌孟冬月谷旦”。村东庐山祠为周氏宗祠，因先祖号庐山而得名，宗祠原主体建筑为前、中、后三座，两侧带厢房布局，依地势而建，逐级上升，气势宏伟，因年久失修，逐渐荒废，现已损毁倒塌，仅残存部分墙体和基址。正殿大梁现藏于村民仓库，上书“□□□清光绪贰拾捌年岁次孟冬月朔壹日谷旦建立”。

朗山民居于1994年被公布为广西壮族自治区文物保护单位。

恭城朗山屯门楼（周有光摄）

1. 恭城朗山屯民居壁画（周有光摄）

2. 恭城朗山屯民居天井（周有光摄）

3. 恭城朗山屯惜字炉（周有光摄）

1 2 | 3

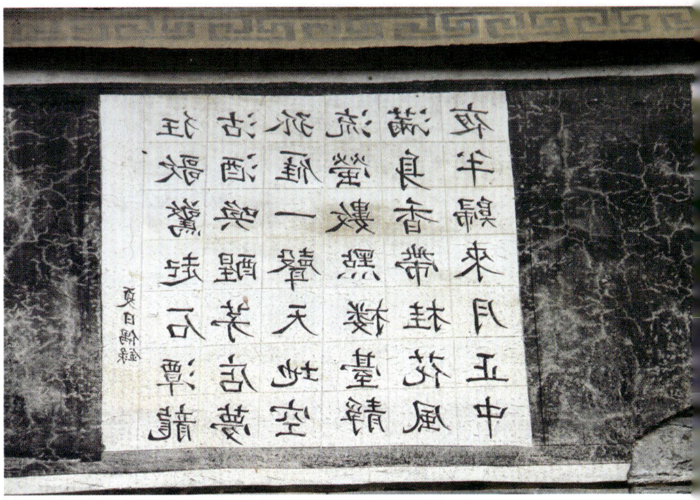

1. 恭城朗山屯民居门簪（周有光摄）

2. 恭城朗山屯民居木椅（周有光摄）

3. 恭城朗山屯民居木雕（周有光摄）

4. 恭城朗山屯民居壁书（周有光摄）

1 | 3
2 | 4

# 恭城高桂屯

位于莲花镇门等村委。村民以蒙姓和陈姓为主，瑶族居多。明成化十六年（1480），先祖蒙敬勋始居恭城莲花镇坪岭村上炉屯，清康熙年间复徙居此。村名原作高贵，后以村中桂树成林，更为今名。

村落整体呈组团分布，一条村道贯穿其中，几条分支道路连接各建筑组团。建筑依山而建，依地势逐级抬高。房屋坐北朝南，面阔三开间，二进或三进两天井院落，带厢房或跑马楼，一至两层建筑。房屋座座相连，有规整的巷道相通。部分房屋设计独特，两户人家的房子之间有过楼连接。

现存传统民居 11 座，每座占地约 200 平方米，主要分布于蒙家，建于清末至民国年间。清代民居为清一色的清水砖墙，砌筑工整细致，硬山顶防火山墙，建筑高低错落有致，艺术构件花饰繁多。年代稍晚的民国民居，屋顶正脊，中有凤首，两端有龙爪，故称龙凤宅，建筑墙体材料主要以当地传统方法烧制的红砖为主，窗饰及檐下多用白色涂料加以装饰，白色装饰与红砖墙面产生鲜明对比的效果，形成独特的民居风貌。

桂岭碉楼始建于明代，为砖砌四层建筑。

村中现存古井两口。

恭城高桂屯传统村落保护建设（周有光摄）

恭城高桂屯民居及水井（周有光摄）

1. 恭城高桂屯民居山墙（周有光摄）

2. 恭城高桂屯民居门头装饰（周有光摄）

3. 恭城高桂屯民居灰塑（周有光摄）

# 恭城费村屯

位于西岭镇费村村委。村民有费、李、张、陈等姓，以费姓居多，明代由江西迁居来此。

村中现存民居建筑50座，炮楼2座，古榕树2株，古樟树10株，古井10口。民居多建于清至民国年间，硬山顶，小青瓦，青砖墙。部分民居屋顶为悬山形式，墙体用泥砖砌筑。村中道路多已硬化，改为混凝土路面，仅部分小巷保留原有鹅卵石路面。矮炮楼位于村子西北，建于民国八年（1919），坐西朝东，高五层，总高14米，盖小青瓦，墙体下部用方整的料石砌筑，上部用青砖砌筑。长方形门窗，较窄，上部券拱。一层的门框、窗框均用长条石砌筑，上部券拱用半圆形石板封堵填实，窗棂粗大，安全牢固。二、三、四层窗框仍用长条石砌筑，券拱改用青砖封堵填实。第五层窗子为拱形，全部用青砖砌筑。墙体上开有细长形、内宽外窄的瞭望射击孔。高炮楼位于村南，建于民国六年（1917），楼前有三间堂房。高炮楼西面七层，东面六层，总高23米，建筑高大，气势雄伟，青石基础，墙体砖砌，盖小青瓦，门窗外形、结构、材质均与矮炮楼一致。两座炮楼原均为私人所建，中华人民共和国成立后，高炮楼被用作村委办公，矮炮楼曾被用作西岭乡政府粮仓，现均为村民使用。

村口门楼西面墙体上有清代碑刻3件，分别为村规民约碑以及重修钟鼓楼、重修头门捐资碑。门楼旁边是费村小学。

恭城费村屯（周有光摄）

恭城费村小学（周有光摄）

恭城费村屯炮楼（周有光摄）

1

2 | 3

## 恭城杨溪屯

位于西岭镇杨溪村委。村民为王姓，明初从广东海康迁至恭城双溪寨（毛陂车田村），后因财丁不旺，遂向费村买田置地，造房建村，迁居于此。初名瑶家洲，后改杨家洲，1949 年后更今名。先祖先后有从道、习儒、从军者。

至清代，王氏子孙读书入仕，家族逐渐兴旺繁盛，遂大兴土木，兴建房屋。村中建筑大都坐北朝南，多条巷道从西至东平行分布，为卵石铺砌，与院落相连通。传统民居建筑保存较为完整的有 28 座 200 多间，多为三进两天井院落，宅院围墙为卵石砌筑，部分院落在主建筑两侧建有纵向分布的偏房。王氏宗祠坐北朝南，建于清康熙初年，占地面积 693 平方米，为两进一院布局，硬山顶盖小青瓦，砖木结构，大门前廊柱上书对联一副，两侧分别竖立清咸丰五年（1855）恩赐四川彰明县知县王锡之祖父和父亲为文林郎、祖母和母亲为七品孺人的诰封碑。大夫第亦称“贻谷堂”，坐北朝南，砖木结构建筑，三进两天井院落，大门门额上悬挂“大夫第”牌匾，正堂门额上方高挂“兄弟登科”牌匾，道光二十年（1840）为王聘之、王锡之兄弟先后中举而建。该村道光乙未科举人王雁州，与同科举人莫励堂奉恭城知县之命前赴山东曲阜，绘制孔庙图纸，构建恭城孔庙。他还请旨旌表祖母、叔祖母，于道光八年（1828）在村口建“一门双节”牌坊。牌坊坐西朝东，三间四柱青石结构，石匾上雕饰麒麟及双凤朝阳图案，书刻王费氏、王周氏节孝逸事及地方官府奏建事宜。村中有一棵树龄达数百年的古樟树，树东边有一风水池塘。村中原有炮楼，建于清末，高五层，20 世纪 50 年代拆毁。村子四周原建有卵石砌筑的围墙，现存部分墙基。民国十五年（1926），村里在王氏宗祠成立农会，在旁边的庵寺开办淑慎女子学校和农民夜校。

该村每年还举办祭祀盘王、祭祀龙犬、舞草龙等民俗活动。2017 年，杨溪村古建筑群被公布为广西壮族自治区文物保护单位。

恭城杨溪屯（周有光摄）

恭城杨溪屯民居（周有光摄）

恭城杨溪屯民居庭院（周有光摄）

1. 恭城杨溪屯“一门双节”牌坊（周有光摄）

2. 恭城杨溪屯王氏宗祠（周有光摄）

3. 恭城杨溪屯民居“兄弟登科”牌匾（周有光摄）

1
2 | 3

## 恭城焦山屯

位于观音乡狮塘村委。村民以俸姓、秦姓、尹姓为主，均为瑶族。明朝年间从湖南千家峒迁居到此拓荒。

现存民居建筑多建于清代，小青瓦硬山顶，青砖墙体，部分墙砖颜色不一，有青色、灰色和红色。内部梁架、隔断及装修均为全木结构，三合土地面。窗户上部多饰以灰塑及花草图案。其中一座民居墙砖上镌刻“乾隆元年”四字，一座民居门槛石镌刻“富贵”两字及花草图案。巷道用青石板、鹅卵石或三合土铺设。村口立门楼，门楼边上有焦山神亭，始建于清乾隆五十年（1785），亭呈正方形，边长 6.7 米，建筑面积 44.9 平方米。亭为石木结构，由 4 根石柱和 4 根木柱承受屋面，重檐歇山，抬梁式构架，盖小青瓦。大青石地面，四面由 35 厘米高的青石条做围栏。西面石柱刻有楹联：“湲河不断，八方士庶祝神恩；秀水长流，万古威灵夸圣德。”东面檐口下建有神台，神台下安放碑刻 6 件，包括清乾隆五十年捐款建圣亭碑，光绪七年、光绪八年捐款修亭碑以及雍正九年修砌路墙碑记等。每月初一、十五都有村民上香祭拜。1992 年，焦山神亭被公布为恭城瑶族自治县文物保护单位。村东距焦山神亭约 10 米处，有清代古井一口，青石围边，分三个井池，每个井池之间有青石隔断，井边有记载古井历史

情况的石碑。该井现在仍为村民使用。

瑶族长鼓舞是瑶族同胞在传统节日时跳的传统舞蹈。长鼓多用泡桐木挖制，中空之洞以滚得过鸡蛋为准，鼓身长 100 ~ 120 厘米，用羊皮（或牛皮）蒙成直径约 20 厘米的鼓面。表演时，鼓手左手握住长鼓的鼓腰上下翻转，右手随之拍击，边舞边击。动作大多是表现生产、生活内容，如建房造屋、犁田种地，还有模仿禽兽动作等，形象生动，富有生活气息。一般以唢呐、锣鼓伴奏，有时也唱“盘王歌”助兴。

恭城焦山屯（苏勇摄）

恭城焦山屯民居（周有光摄）

恭城焦山屯水井（周有光摄）

恭城焦山屯民居“富贵”铭门槛石（周有光摄）

# 恭城水滨村

位于观音乡，东连湖南省江永县，北与灌阳县相接，因建于河道旁边而得名。全村辖牛眼塘、垒里、莲花、石坪、狮尾、矮寨、矮山脚、白竹铺、茶园、岗子上、旱地、上源垒、水滨 13 个自然村，村民均为瑶族。水滨自然村于明代建村，村前为观音河，河上建桥以为进出村的通道。村民均为周姓。周家祠堂位于该村桥头，建于清光绪六年（1880），占地面积约 160 平方米，是村民祭拜先祖和盘王的场所。现存传统瑶族民居建于清代至民国年间，多为硬山顶，小青瓦，青砖墙，砖木结构，三合土地面，内部梁架、隔断及装修为全木结构，巷道多为青石板或鹅卵石铺设，部分门槛石、转角石、门簪雕刻“福”“寿”等吉祥文字及花草图案，既有汉民族的建筑特点，又融入了瑶族独特的建筑元素。山脚下有四座建于民国十四年（1925）的民居，均坐北朝南，砖木结构，硬山顶，盖小青瓦，三合土地面，室内有少量木雕构件。四座民居之间为 1.8 米的巷道，互相之间有侧门相通。

莲花自然村传统民居建筑的建造年代、结构、材料及内部装饰均与水滨自然村相似。莲花村中心一座民居建于民国十九年（1930），两进一天井院落，占地面积 262 平方米，建筑面积 222 平方米，硬山顶，砖木结构，三合土地面，天井用大青石铺砌，堂屋全部为木板结构，门窗格扇风檐板均有木雕，山墙有泥塑堆画。有的民居门墩石上镌刻“福”“禄”等文字装饰，还有老式八仙桌、神台、石臼等遗存。

月岩庵、白马寺是当地群众为求风调雨顺、为保健康平安而建。月岩庵位于水滨村莲花自然村南面月亮山半腰的岩洞口，始建于清康熙三十五年（1696），民国六年（1917）重修，“文化大革命”期间被毁，1995 年由当地群众筹资修复。占地面积 192 平方米，建筑面积 60 平方米，硬山顶盖琉璃瓦，砖木结构。庵内供有观音塑像。白马寺位于水滨村狮尾自然村北面白马山的岩洞内，始建于清嘉庆十五年（1810），坐东南朝西北，占地面积177平方米，建筑面积70平方米。32级青石台阶依山而上，平台上建有六角亭，亭两边立有碑刻、旗杆石，穿亭而进，供有白马将军塑像。为纪念白马将军，当地瑶民每隔三年都要举行一次隆重的祭祀仪式，舞龙舞狮，跳瑶族民间传统舞蹈吹笙挞鼓舞，场面热闹，极具民族特色。

恭城吹笙挞鼓舞始于明洪武三年至六年（1370 ~ 1373），主要在莲花、栗木、观音、嘉会、平安、西岭、三江、龙虎等乡镇村寨流传。在供奉祭祀盘王的挞鼓亭或祠堂表演，参与者一般为12 ~ 24人，由芦笙手、师公、小长鼓手、大长鼓手、打锣、吹牛角、执旗幡等人员组成，他们头戴绣巾，身穿花衣，由芦笙手最先出场，其他人依次而出，表演一共有盘王出世、女鼓舞、七拍鼓舞、召兵舞、四季鼓舞、土地鼓舞、回龙鼓舞等七段，每个舞段都做足三围九转，舞蹈动作有行路、倒鼓、对羊角步、踏半蹲行礼、正步半蹲行礼、招兵等。整个舞蹈仪式感强，民族特色鲜明，表达了瑶民对神灵及盘王祖先的虔诚敬仰之情，同时展示了瑶民朴实爽朗和坚忍不拔的性格特征。吹笙挞鼓舞于2008年被列入自治区级非物质文化遗产代表性项目保护名录。

恭城水滨村（苏勇摄）

恭城水滨村白马庙（周有光摄）

恭城水滨村石坪瑶寨寨门（周有光摄）

恭城水滨村石桥（周有光摄）

恭城水滨村月岩庵（周有光摄）

1. 恭城水滨村民居门簪（周有光摄）

2. 恭城水滨村民居墙体上的绘画（周有光摄）

3. 恭城水滨村民居转角石上的文字（周有光摄）

1
2 | 3

# 恭城实乐屯

位于龙虎乡龙岭村委。村民以王姓居多，祖籍江苏，先祖王元曾任官平乐，明洪武初年辞官，于回乡途中闻长江一带瘟疫流行，因择土定居于此。村落坐东朝西，东靠鸟岭，村西边的龙虎河是联系南北的重要纽带，村东北的龙虎关是湖南进入广西的重要关隘。

村中保存较好的传统民居建筑有20多座，多建于清代。建筑布局规整，门楼、前天井、正屋、后天井、后房，排列有序，多为硬山顶，小青瓦，青砖墙，窗棂雕饰花鸟图案，部分房屋檐下装饰壁书和壁画。王家祠堂位于村子南面，始建于清代，坐西北朝东南，占地面积350平方米，平面布局为三进两天井院落，硬山顶，小青瓦，青砖墙，抬梁式木构架，第一进建筑门廊及回廊采用白色的连续券拱形结构，应为民国时期改建。村中间现存一座炮楼，高4层，建于清代初年，青砖砌筑，用于瞭望和守卫。村边建有3座大门，以围墙相接，村内各巷道之间建有大大小小11座闸门。村中主道已改为混凝土路面，其余小巷道仍保留鹅卵石路面。村中原有供村民休闲的凉亭3座，今仅存石柱、石础、石墩等青石构件。

恭城实乐屯（周有光摄）

恭城实乐屯民居及炮楼（周有光摄）

恭城实乐屯门楼（周有光摄）

恭城实乐屯王家祠堂局部（周有光摄）

恭城实乐屯民居窗雕（周有光摄）

# 恭城矮寨屯

位于莲花镇门等村委，村内有两座山。相传玉皇大帝巡视天上人间，二郎神召天犬随行，主仆腾云驾雾，一路从北到南，跨过了湖南与广西交界的龙虎关，按下祥云，巡视恭城的山山水水，途经矮寨屯时，天犬两脚突然朝地一扑，双耳一竖，眼观六路，耳听八方，审视周围有无妖魔危害人间，随后天犬尾巴一翘，扬起四蹄，奔驰而去。第二天，村民发现在天犬扑地审视的地方出现了一座小山，仿佛一条天狗，村民就把此山取名“天犬山”。又据传说，王母娘娘养在瑶池的一只神螺忍耐不住天庭的寂寞，趁护池仙女偷闲，爬出池外，行至南天门外，一不小心，恰好掉在天犬山后地面上，神螺睁眼一看，此处环境优美，决心在此安家。第二天早上，村民开门发现一座秀丽小山，极像螺蛳，大家以为此山一定是上天赐给他们的宝山，遂将此山称作“神螺山”，又此山矮小，便将村落取名矮寨。

该村为瑶、壮、汉多民族聚居的村落，村民于清代迁入此地聚集形成，历经数百年融合，形成了独特的“九甲”片区乡土建筑风格。整个村庄环境清新优雅，传统民居错落有致，黄色清水砖墙，砌筑工整细致，建筑厚实牢固，窗小门窄。村中还建有炮楼，防御功能完善。现存传统建筑建于清代，街巷体系保存完整，整体风貌完整协调。部分民居建筑受地形或巷道限制，建筑墙基和墙体建成斜体、弧形或其他不规则形状。因当地以黄土为主，工匠割草烧砖，炉火温度不高，砖的颜色呈黄色，因而传统民居都为黄色建筑。民居顶部多以龙首、龙爪、凤首、凤爪为装饰，屋檐两边有龙首，屋顶两端有龙爪，中有凤首，故又称“龙凤宅”。建筑墙体上还绘有蝙蝠、鹿等吉祥动物图案，祈求福寿双全，家居平安。

该村村级公共服务中心、村史室、村民议事场所、农家书屋、污水处理站等基础设施和公共服务设施完善，村民安居乐业，为欠发达地区改善农村人居环境做了示范。矮寨屯注重村风建设，将村规民约镌刻在山石之上，以期村民共同遵守。

恭城矮寨村“村规民约”（周有光摄）

恭城矮寨村（周有光摄）

恭城矮寨村弧形墙体民居（周有光摄）

恭城矮寨村“九甲书屋”（周有光摄）

# 恭城红岩老村屯

位于莲花镇竹山村委。村民多为朱姓，明代迁移至此定居。另有少量韦姓村民在朱姓之后迁移到此地。村中现存传统民居数量不多，规模不大，均为清代至民国年间建筑，硬山顶盖小青瓦，青砖墙，部分间杂红砖，砖木结构，装饰较为简单。朱氏宗祠大部分已倒塌，仅存部分墙体及基址。宗祠前面立有旗杆石 1 组，上面无任何文字。村东 1000 米的碗仔塘一带有一处明清时期窑址，占地面积约 5000 平方米，遗存有大量的瓷器残片及窑具，瓷片多为青黄釉，器型以碗居多。

21 世纪以来，在老村旁边规划建设了红岩新村，新建了数十栋别具特色的乡村别墅，修建了风雨桥、滚水坝、梅花桩、旅游登山道等具有民族风情和地方特色的旅游设施。此外，还建设文化广场、停车场、环形村道、灯光篮球场等公共设施。2009 年建成的红岩村污水处理站是广西第一个建成的自然村污水处理站。

红岩村发展生态观光旅游、历史文化旅游、田园农耕体验、餐饮住宿休闲等多功能为一体的乡村特色旅游，先后荣获全区生态富民示范村、全国农业旅游示范点、全国十大魅力乡村、全国生态文化村等荣誉称号。2011 年 8 月，获“中国特色景观旅游名镇名村”称号；2015 年 5 月，获“中国少数民族特色村寨”称号。红岩村依托自身自然资源优势，利用现代农业技术，发展月柿种植，生产制作柿饼，打造恭城农业生态示范基地。全村柿子林占地面积近万亩，月柿果型美观，色泽鲜艳，个大皮薄，肉厚无核。每年霜降前后，叶落果黄，柿子好似一串串灯笼挂在树上，场景颇为壮观。每年以红岩村为主会场举办的恭城月柿节已成为知名品牌，除引来众多月柿经销商外，还引来无数农业生态观光游客。

恭城红岩村（苏勇摄）

恭城红岩村风雨桥（周有光摄）

恭城红岩老村屯（周有光摄）

恭城红岩老村屯民居（周有光摄）

# 恭城巨塘屯

位于平安乡巨塘村委，背靠螺蛳山，面朝将军山。势江河自东南向西北流过，在村东形成巨大的回水湾，久而久之，原来的回水湾就成了一个巨大的水塘，村落因之得名。

村民为容姓，先祖容珍由广东新会荷塘来恭城经商，明永乐年间定居于此。民居建筑依山势层叠而上，平面呈井字形布局，传统建筑均为硬山顶盖小青瓦，青砖墙体，部分墙基用青条石或鹅卵石砌筑。一些民居大门做成双重防盗门，具备较强的防御功能。门窗槅扇用“卐”字形、竹节形等不同图案装饰。巷道均采用青石板或鹅卵石铺成。

容氏宗祠（定乾祠）、秀峰祠、云峰祠位于村落中心，其他民居和建筑围绕宗祠建造。云峰祠建于清光绪癸卯年（1903），坐西朝东，布局为三进两天井院落，分前座、天井、中座、天井、后座及左右厢房，三合土地面，人字坡，硬山顶，抬梁式木构架，建筑面积212平方米。

村南北分别设有文书房和武修房，是儿童学文和习武之地，现已倒塌废弃成为遗址。村口、巷口设有带屋顶的寨门或防卫用的趟栊门，巷道内重要建筑单元口原来也设有闸门。村南门为趟栊门式大门，宽2.75米、高2.7米；村北门为硬山顶门楼，门额上书“护龙坊”。村中现存旗杆石四组，其中两组分别立于清咸丰八年（1858）和光绪四年（1878），另两组无纪年。

村前刘氏贞节牌坊建于清光绪四年，是广西抚部院等奉旨为旌表容世楷之妻丧夫守节而立。刘氏二十三岁寡居，收养两个孤儿为养子，其中一个即为容本真。刘氏把容本真收为养子之后，天天要求他习武强身。后来容本真考取了武举人，刘氏成为了贞节育人的典范，获朝廷赐建贞节牌坊。牌坊坐西南朝东北，四柱三间青石结构，高7.35米，宽5.5米。

额枋第一层浮雕“麒麟戏珠”“双凤朝阳”图案，第二层浮雕“双龙抢珠”，第三层浮雕“八仙过海”和观音坐莲，第四层立盘龙匾，上刻“奉旨旌表节孝坊”。各额枋间嵌有石匾，正面镌刻“清节流芳”“冰清”“白雪”榜书以及广西抚部院建坊志文和刘氏家庭成员名单，背面镌刻“柏舟永矢”“松坚”等榜书及对刘氏苦志守节的赞颂志文。整座牌坊立于四个须弥座上，每柱前后均有抱鼓石，柱顶立石狮。牌坊于1992年被公布为恭城瑶族自治县文物保护单位。

村边尚保存有迎龙桥、接龙桥两座石拱桥。村后螺蛳山南麓有两处避难洞穴，葡地岩内有落款为民国三十三年（1944）的黑色壁书，红岩洞口有清代咸丰年间村民用条石和三合土构筑的防御石墙。

恭城巨塘屯（苏勇摄）

恭城巨塘屯民居及门楼（周有光摄）

恭城巨塘屯民居（周有光摄）

恭城巨塘屯牌坊（周有光摄）

# 恭城西岭屯

位于西岭镇西岭村委，为镇政府所在地。村民有周、何、朱、董等姓，最早在南朝时已有人居住。唐开元元年（713），周姓先祖从河南迁居至西岭河边街，以有翠微峰，故名村为翠峰村，并在山顶建有读易坛。

传统民居多为硬山顶盖小青瓦的砖木结构，部分建筑墙体采用方整的青石砌筑，大门采用三重门，具备较强的防盗功能。现存周王庙、朱家古屋、董氏宗祠、当铺炮楼、莫家炮楼以及文笔塔、斗底石拱桥等建筑遗存。

周王庙又名嘉应庙，位于村北，是祭祀周渭的庙宇，始建于明弘治年间，三进两天井布局，有门楼、正殿、后殿和厢房。早年，正殿、厢房大部分已损毁，仅残存部分墙体与基址。近年进行了修复，并布置了陈列。庙内建筑墙体上镶嵌有清光绪二十年（1894）《续修嘉应庙碑记》等碑刻四通。庙门前立有一对清代石狮，雕刻精美。朱家古屋位于翠峰街中，清代建成，包括门楼，中厅、正厅、天井，天井、台阶全部用青石板镶成，堂屋花格门窗雕刻八仙人物以及龙凤、花鸟图案。当铺炮楼为民国初年该村乡绅何焕三建，楼高四层，总高 18 米，砖石砌筑，盖小青瓦，是全村标志性建筑之一。莫家炮楼建于民国五年（1916），共四层，通高 14 米，是原国民党政府参议员莫洞庭建。文笔塔位于河边街，始建于明朝万历年间，为砖石结构七级六角形实心砖塔，塔基边长 1.9 米，塔高 20 米，从下往上逐层内收，每层出檐，角檐起翘。斗底石拱桥是西岭通往沙子平乐的主要通道，始建于明万历年间（1573 ~ 1620），为单拱石桥，桥北端立有清嘉庆年间《重修石桥碑记》。

拾翠东园建于民国初期，是国民党原陆军少将何焕山所建的花园，现仅存青石大门，通高 2.5 米，宽 1.05 米；门额上有狮子，石门坎上书刻“拾翠东园”四字。翠峰山有摩崖石刻《绿阴深处》，作者为民国恭城第一任小学校长李植之。1992 年嘉应庙、文笔塔被公布为恭城瑶族自治县文物保护单位。

恭城西岭河边街（周有光摄）

恭城西岭周渭祠（周有光摄）

恭城西岭屯民居石头墙体及门窗（周有光摄）

恭城西岭屯升平楼（周有光摄）

恭城西岭当铺炮楼（周有光摄）

恭城西岭屯董氏宗祠（周有光摄）

恭城西岭文笔塔（周有光摄）

# 平乐沙子村

位于沙子镇，为镇政府所在地，平乐、恭城、阳朔三县交会处，茶江与沙子河在此汇流。唐代已立圩镇，是由湖南通广东的交通要道。现圩镇建于清光绪七年（1881），二十二年（1907）修筑石板路和石拱桥。沙子街由1条主街和18条小巷构成，素有“三湾九塘十八巷”之说。主街分为四段，由东北向西南依次是景仁街、仁里街、崇德街、太平街，小巷有石榴巷、当铺巷、茶岭巷、双闸门巷、莫福利巷等。主街全长1.8千米，宽3米，铺设方形或长方形青石板，中间横铺，两侧纵砌。街两侧是带铺面的民居建筑，青砖黛瓦，古朴典雅。现存完好的古铺面400多间，好些铺面现在仍在使用。义安押当铺由余富盛、德合堂等于光绪初年合开，原名仁义响押，后改今名，有“广西第一当铺”之称。占地面积246平方米，高七层，外形呈碉楼状，墙体下部为六层青石条砌成，上部用青砖砌筑。南面每层有六个窗口，呈竖长形，外窄内宽。第六层南面写有“义安押”三字。室内有青砖砌成的砖柱作为支撑，铺设木板楼面。螺旋楼形，梯形货架直上七楼，为沙子村当时最高的建筑。当铺东侧为余富盛宅，建于清末民初，广东、湖南工匠合建，中西结合砖木结构两层建筑，大门券拱形，上方写有“余富盛”“VETHORSI”字样。

村西南石拱桥，始建于唐代，清光绪三十三年（1907）重建。桥为半圆形三孔石拱桥，拱券采用纵联方式砌筑。桥通长27米，桥面宽4.2米，高6米。大拱在西端，跨茶江支流两岸，跨度9米，拱高5.5米。两小拱在东岸，跨驳岸地面，为旱桥孔，拱跨2.1米，拱高1.8米，在洪水暴发时用以排洪护桥。桥两边有桥堍，石砌台阶。水桥面比旱桥面略高，之间有三级台阶。桥护栏由十根望柱和八块石板组成，望柱上雕刻有图案，顶端饰狮子、麒麟、玉兔和葫芦等圆雕，栏板上浮雕“樊梨花征西”“麒麟吐玉书”“张果老骑驴”“何仙

平乐沙子村（苏勇摄）

姑采莲”等民间故事。据传此桥由广东会馆和湖南会馆分别雇请名匠建造，风格迥异，各具特色：桥南护栏的图案为广东工匠所作，雕刻粗犷雄壮；桥北护栏的图案为湖南工匠所作，工艺细腻逼真。桥两端均与古石板道相连，东桥头所连石板道与沙子老街相通，桥与沙子老街相距仅几百米。沙子石拱桥构思独特，造型美观，是平乐县境内最大的石拱桥，于 1982 年被公布为平乐县文物保护单位。

清咸丰年间，桂剧传入平乐。光绪三十二年，沙子街地方绅士从桂林请来桂剧艺人到沙子开办桂剧科班，传习桂剧，至今流传。电影《父亲的老船》，电视连续剧《五月的鲜花》《石达开》等影视剧都曾在沙子取景拍摄。

“五月十三”是沙子的民间传统节日，每年都会举行各种活动，包括文化游行、龙舟比赛、淮山节等。

平乐沙子村河流及码头（周有光摄）

平乐沙子大桥（周有光摄）

平乐沙子村民居及当铺炮楼（苏勇摄）

平乐沙子村沙子石拱桥（周有光摄）

平乐沙子老街（周有光摄）

1. 平乐沙子老街服装店（周有光摄）

2. 平乐沙子老街民居商铺内景（周有光摄）

3. 平乐沙子老街理发社（周有光摄）



1
2 | 3

# 平乐榕津村

位于张家镇榕津村委，地处钟山、恭城、平乐三县交界。村外榕津河可通桂江，义渡、码头傍河而建，村口数棵千年古榕，造型奇特，有“华夏第一榕”的美称，村落因之得名。

村始建于唐末宋初，北宋时逐步发展为商贸集散地。街口有座门楼，名魁星楼，门额上方镌刻“通津履泰”四字，可见这里曾是水上交通要道。古街路面原用青石板铺设，现仅十字街及一些小街巷的青石板路面基本保持原貌。现存传统民居建筑分布于古街两侧，呈“下店上宅”或“前店后宅”布局，多建于清代，部分建于民国，均为小青瓦，硬山顶或悬山顶，砖木结构，两进带天井的两层楼房，部分建筑内部有回廊和走马楼。

廖炳坤故居包括两座建筑，一座建于清代，一座建于民国，两座紧邻，均为硬山顶、小青瓦、两面坡，砖木结构两层楼房，抬梁式构架，面阔三间，带天井院落，回廊相连，马头墙式防火山墙，青砖铺地，墙体开券拱形窗，建筑高大、宽敞，装饰壁画、花草图案，木雕精美。故居后面紧临水塘，高墙与水面倒影相得益彰，形成榕津远近闻名的“水楼风光”。廖炳坤（1886 ~ 1956），张家镇榕津村（原榕津乡人），占有耕地约 2000 亩，年收租谷 2560 担，为平乐县最大的地主，民国十三年（1924）曾任全县（今全州县）县长，罢职后回乡靠收取田地租、放债生活，1949 年临解放时携全家逃往香港。

榕津古街两侧曾经有湖南会馆、粤东会馆、江西会馆等建筑，现仅存粤东会馆，为广东商人所建，因供奉妈祖，又称妈祖庙、天后宫，始建于清顺治十四年（1657），是广西最早建立的会馆之一，清乾隆十三年（1748）、乾隆六十年、嘉庆十一年（1806）重修，咸丰年间毁于兵火，同治年间复修。会馆由前厅、天井、天后宫、厢房、厨房等部分组成，小青瓦面，人字坡硬山顶，穿斗式梁架结构。通面阔 10.35 米，通进深 49.71 米，占地面积约

514.6 平方米。屋脊塑有双龙戏珠和人物故事图案，木构装饰、石质柱础雕刻精美。会馆内尚存碑刻一批，记载会馆维修相关内容。会馆大门对面原建有戏台，现已不存。

榕津信奉妈祖文化，每年农历三月二十三日即妈祖生日，也是当地传统的节庆活动，榕津百姓将妈祖金身塑像从庙中请出，上街游拜，以示纪念。这一习俗延续至今，并于 2001 年后上升为“妈祖旅游文化节”。

村口门楼旁有一戏台，始建年代不详，清乾隆六十年重修。此后，道光十三年（1833）、民国五年（1916）、2008 年多次维修。歇山顶，穿斗式木构架。面阔 8.1 米，进深 8.3 米，高 7.5 米，面积 67.23 平方米。戏台由前后两部分组成，东、南、北三面檐下有壁画，部分壁画已模糊不清。戏台是反映榕津历史的重要实物，对研究地方戏曲史具有重要价值。清光绪三十三年（1907），该村廖保龄曾出资到桂林聘请桂剧名伶林秀甫、刘吉甫、周宝龙、马老二等为师傅，在榕津村举办“芙蓉祠馆”桂剧科班，培养桂剧人才。平乐以及榕津、沙子等地至今仍传承桂剧非物质文化遗产。戏台旁边原有火神庙，现已无存。老街内现存三神庙，庙内供奉盘古、火神及寿佛。

1995 年，榕津古街、妈祖庙被公布为平乐县文物保护单位。

平乐榕津村（苏勇摄）

1. 平乐榕津村街巷（周有光摄）

2. 平乐榕津村民居商铺（周有光摄）

3. 平乐榕津村石板路（周有光摄）

平乐榕津村戏台门楼（周有光摄）

平乐榕津村粤东会馆天后宫（周有光摄）

平乐榕津村粤东会馆（周有光摄）

粵東會館

## 平乐屯塘村

位于同安镇，始建于明末清初。村民均为李姓。唐天祐二年（905），昭州（今平乐）发生瑶民起义，时任山东青州太尉李樑为征南大将军，率军队南征，之后受命镇守昭州。唐亡后，李、陶、莫、翟、荣等将士不愿为官府所用，遂辞官解甲，屯居于昭州南郊南木垌（今张家、阳安、青龙、桥亭一带），聚居地遂形成和村，尊太尉李樑为先祖。之后开枝散叶，部分村民迁往周边的坝井、李家庄，再迁今址。

村落现存清至民国时期传统建筑上百座。清代建筑主要为砖木结构，硬山顶盖小青瓦，青砖墙体，三进两天井院落。其特色是集中连片，正脊翘角，侧脊飞扬，防火山墙形式多样，有三阶马头墙、猫弓背式山墙、镬耳形山墙，木雕、石雕、砖雕以及灰塑造型精美，极具地方特色。青石板巷道与两边的古民居交相辉映，青砖黛瓦，飞檐翘角，古朴而典雅。小巷两头设置门楼及大门，具备较强的安全防御功能。千总府李远通故居建于清代，为砖木结构，硬山顶盖小青瓦，青砖墙体，石质窗框，安全牢固。建筑设计有天井、庭院、侧门楼和阁楼，正厅大门前石质台阶、踏步保留完整，窗扇、雀替等雕刻有麒麟、花草等精美图案，石雕、练武礅、拴马桩、石雕饲马槽等保存完好。三勝公祠为村中供奉李氏先祖的宗祠，建于清宣统二年

（1910），为砖木结构两层楼房，硬山顶盖小青瓦，宗祠前面有一块全青石铺就的小坪，面积约 40 平方米。民国时期建筑仍为砖木结构，硬山顶盖小青瓦，砖木混合承重，抬梁式构架。不同的是，墙体材料采用红砖，房屋建筑集中连排，门框稍显窄小，窗户多为券拱形，也有长方形，造型独特，风格迥异。这种建造方法和建筑风格一直延续到 20 世纪 60 年代。

村落非物质文化遗产丰富，衣食和婚葬习俗、传统营造工艺、会期（庙会）等传承上百年，至今长盛不衰。如该村目前的建筑营造仍大量应用传统材料、工具和工艺，采用传统的建筑形式。每年的农历十月十八日是纪念族人始祖李樑公诞辰的日子，各家各户、亲朋好友都会在这一天相聚，还请戏班唱戏，热闹非凡。

平乐屯塘村（苏勇摄）

平乐屯塘村（周有光摄）

平乐屯塘村民居（周有光摄）

平乐屯塘村巷道（周有光摄）

# 平乐和村

位于张家镇。唐天祐二年（905），昭州（今平乐）发生瑶民起义，时任山东青州太尉李樑为征南大将军，领兵镇压，之后朝廷复命其镇守昭州。李樑，字应君，唐李世民十三世孙，官封云南太尉、广西镇抚使，殁于后唐长兴元年（930）。唐亡后，李、陶、莫、翟、荣等将士不愿为官府所用，遂辞官解甲，屯居于昭州南郊南木垌（今张家、阳安、青龙、桥亭一带），聚居地遂形成和村，尊太尉李樑为先祖。将士们把中原农耕文明带来，与当地自然资源相结合，使和村成为有名的稻米之乡。随着村落发展，人丁繁衍，部分村民外迁各地，现有村民均为李姓。

平乐和村（苏勇摄）

村内保存有较为完好的传统建筑，包括民居、祠堂、炮楼、戏台等，均为砖木结构，两面破硬山顶，青砖黛瓦。部分民居墙基用条石砌筑，墙角处置转角石，墙体厚实，内侧使用土坯砖间青砖砌筑，外层使用青砖包砌，石质窗框，铁质窗棂，具有较强的防御功能。部分民居墙体上装饰彩绘壁画。村中现存祠堂三座，均为李氏宗祠。位于村落中部的两座宗祠前后相连，中间仅有一条巷道间隔，均为两进带天井布局，砖木结构，青砖墙体，盖小青瓦。后面的宗祠仅存前座建筑，基础采用方整的料石砌筑，门廊立两根八棱形石柱，柱础装饰动物花草图案，墙体上镶嵌有《鼎建宗祠记》碑刻，落款清乾隆五十二年（1787）。前面的宗祠保存基本完好，前座有三阶马头墙，后座硬山墙，祠内墙体上有后绘的壁画，天井一侧立有清道光十九年（1839）的碑记。靠近山脚及村口大榕树旁的李氏宗祠为李氏后人于近年捐资新建，两进带天井回廊，顶盖黄色、绿色、紫色琉璃瓦，大门石质门框，门前立石质狮子、麒麟各一对，大门上方竖书“陇西堂”三字，顶端塑双龙戏珠图案。炮楼位于村落中部，楼高三层，墙基用料石砌筑，上面墙体砖砌，开竖长形、券拱形窗及瞭望孔。青石板巷道穿梭其间，四通八达。路边另有龙堂井和双寿井两口古井。

平乐和村陇西堂（周有光摄）

3. 平乐和村炮楼（周有光摄）

1. 平乐和村宗祠及民居（苏勇摄）

2. 平乐和村民居墙体结构（周有光摄）

3. 平乐和村民居石质窗框铁质窗棂（周有光摄）

4. 平乐和村李氏宗祠柱础一（周有光摄）

5. 平乐和村李氏宗祠柱础二（周有光摄）



| 1 | 3 | |
|---|---|---|
| 2 | 4 | 5 |

# 荔浦小青山屯

位于马岭镇永明村委。村民以龙姓为主，周围连绵的山峦犹如一条条飞龙昂首，又因村后银子岩溶洞闻名遐迩，村落取“银”“龙”二字，又称银龙古寨。传说小青山周边曾是北宋狄青平侬智高时，先锋杨文广屯兵马岭镇镆铘关时的营盘。据龙氏家谱记载，村建于宋代，有先祖曾为明万历年间进士（查进士题名录未见）。

现存明清建筑8座，均为传统四合院式。传统民居多为砖木结构，硬山顶盖小青瓦，青砖墙体，也有墙体为黄色土坯砖，部分民居侧面有向外伸出的吊楼。举人宅位于村后小青山下，硬山顶盖小青瓦，砖木结构两层楼房，门

荔浦小青山屯（苏勇摄）

前开阔，屋旁有池塘，大门门额上悬挂举人牌匾，为钦命广西布政使为咸丰三年（1853）陈文德立。村中有巷道12条，均设有寨门，构成了一个攻防兼备的体系。古寨总门为履祥门，其他门有思文门、崇武门、仁慈门、德心门、劳心门、安定门、怡情门、中兴门等。履祥门进门之后的右侧，立有清光绪十年（1884）地界碑，内容为如何共同遵守地界及相关规定。寨门多为拱形，用青石砌筑，上半部门楼用青砖砌筑。寨内庙宇、祠堂遗址尚存，有暗河流入寨中，寨后沿台阶上往通天洞，半山腰有古凉亭，又名许愿亭。

该村历来崇文尚武，人才辈出。陈嘉，马岭镇五更地（小青山附近）人，曾在该村居住、生活，故居尚存。光绪十一年，陈嘉在中法战争中镇守镇南关，克复谅山，率部为东路军前锋，广西巡抚李秉衡称赞"陈嘉之勇冠全军"，清朝廷赏头品顶戴，后因战伤复发病亡，清廷诰授建威将军。

寨中荷花池旁的水碾作坊始建于清初，由两个碾米坑和一个磨盘机组成，打开水闸，蓄积的水奔向转盘，带动木槌砸向晒干的谷子，谷子就被碾成了米。20世纪90年代，水碾作坊因成为危房而被拆除重建。寨内池塘密布，有荷柳池、白莲池、秋月池等。该村有着唱彩调、划龙舟的习俗。

地处小青山屯的银子岩，岩洞高约48米，贯穿12座山峰，为层楼式溶洞，分上洞、大厅、下洞三个部分。洞内迂回曲折，汇集了不同地质年代发育生长的各类钟乳石，每一处都可独立成景。景点密集绚丽，遥遥望去，又构成一幅大型景观，如入广寒仙境，以"三绝"景点（音乐石屏、瑶池仙境、雪山飞瀑）和"三宝"景点（佛祖论经、独柱擎天、混元珍珠伞）最为出众。其中，混元珍珠伞是银子岩最具有地质价值的景观，其成因至今仍吸引着地质专家前来探索。银子岩自开发以来，以其雄、奇、幽、美的溶洞景观而著称，被法国地质岩溶专家誉为"世界岩溶宝库"，被世人誉为"世界溶洞奇观"，有俗话说："游了银子岩，一世不缺钱。"2000年，银子岩景区被评为国家AAAA级景区、桂林市旅游文明示范景区、桂林市标志性品牌景区。

荔浦小青山屯银子岩景区（苏勇摄）

荔浦小青山屯民居及巷道（周有光摄）

荔浦小青山屯总寨门（周有光摄）

1. 荔浦小青山屯民居吊楼及秋月池（周有光摄）

2. 荔浦小青山屯陈嘉故居（周有光摄）

3. 荔浦小青山屯举人宅第（周有光摄）



1
2 | 3

# 永福崇山村

位于罗锦镇。村民多为李姓，先祖李胜苍于明嘉靖年间（1522 ~ 1566）由湖北江陵迁居于此。自清乾隆三十三年（1768），李树乔中举人后，家族科第连绵，出举人 14 人、贡生 5 人；其中李吉寿一门，父子 5 人中举，二子一侄登进士，时有“一门三进士，父子五登科”之美誉。李氏家族还是广西著名的书画世家，李熙垣得其岳父周位庚传授画法，成为广西著名山水画家，其兄弟与子孙皆继承其家学，于山水、花鸟各擅所长，史称“吾粤画人，李氏称盛，东屏（李熙垣号）一门，画笔盈案，无异郭令公家置笏满床”。其子李吉寿，钟爱梅花，善画墨梅，绘画风格独树一帜，时人誉为“梅花圣手”，后人称其父子二人“老子心中山水，儿子笔下梅花”。

李氏家族旧居由 6 座大院并排组成，每座大院之间建有侧门和巷道相通，地面和巷道均用青石板铺设。小青瓦硬山顶，砖木结构二层建筑，外墙用青砖砌筑，墙基部分用料石砌筑，建马头墙。每座大院均为四进三开间，内有天井，四周有院墙。李氏宗族祠堂建于乾隆年间（1736 ~ 1795），小青瓦硬山顶，砖木结构，人字山墙，青砖墙体，墙基用料石砌筑，三进两院布局，每进三开间，各进之间由过廊相连。

此外，村中其他传统民居建筑尚有 20 余座。2016 年，崇山古民居被公布为永福县文物保护单位。

崇山村所在的罗锦镇是彩调剧的发源地，2002 年获“广西民间艺术（彩调）之乡”称号，2014 年文化部授予永福县“中国民间艺术（彩调）之乡”称号。崇山村彩调文化氛围浓重，逢年过节都会自编自演彩调大戏。彩调剧是用桂柳方言演唱的戏曲，俗称调子、彩调、彩灯、哪嗬嗨等，流行于桂北地区农村，被誉为“充满泥土芬芳的快乐剧种”。彩调在明末清初就已形成，清光绪年间，从桂北流传到桂南、桂西以至云南富宁一带壮族地区。彩调歌舞并重，内容诙谐，形式活泼，风格明快，充满了浓厚的乡土气息。彩调分丑行、旦行、生行三大行当，表演讲究眼法、手法、身法、步法，扇子、手帕、彩带是彩调表演的三件宝。彩调传统剧目主要有《王二报喜》《狗保闹学》《王三打鸟》《三看亲》等，新编大型剧目有《五子图》《巧妹子》《一品油茶七品官》等。2006 年，彩调剧被列入第一批国家级非物质文化遗产代表性项目名录。

永福崇山村（周有光摄）

永福崇山村（苏勇摄）

永福崇山村李吉寿故居大门（周有光摄）

永福崇山村李吉寿故居（周有光摄）

永福崇山村李氏宗祠（周有光摄）

永福崇山村李氏宗祠南侧大门（周有光摄）

1. 永福崇山村民居侧门（周有光摄）

2. 永福崇山村民居内景（周有光摄）

3. 永福崇山村民宿（周有光摄）

4. 永福崇山村巷道（周有光摄）

1 | 2 3 4

# 永福尚水老村

位于罗锦镇西部，东北与尚水下村相邻，下村河从南向北流入相思江。村民均为吕姓，先祖于明末清初从山东邑都迁来，现有吕姓村民一支从相邻的尚水下村迁来，与尚水下村吕姓同宗同族。

村落现存传统民居约20座，均为硬山顶盖小青瓦，青砖墙体，少量黄色土坯砖，砖木结构，墙基用料石砌筑，多为三进两天井院落，每进建筑三开间，排列整齐，规模宏大，有三阶马头墙或蜈蚣形山墙，山墙侧多开长方形门和窄小的券拱形门。每座建筑之间有巷道相通，现有路面已改为混凝土铺设。村中原有吕氏宗祠，现已毁无存。距村北不远的尚水下村村口，有新修的吕氏宗祠，采用现代的材料和做法。距新宗祠不远处，原有吕璜故居，房屋大门坐东北向西南，建筑采用坡屋顶，小青瓦盖面，砖木结构，部分墙体为青砖，部分使用土坯砖砌筑。因年久失修，早几年已损毁。

吕璜（1778 ~ 1838），字礼北，号月沧，清代文学家，嘉庆十六年（1811）辛未科进士。历官浙江庆元、奉化、山阴、钱塘县知县，升杭州府西塘海防同知，多有惠政。其善古文，任官浙江期间，曾请业于姚鼐，后复从姚椿、吴德旋学习，深得桐城古文义法，人称“桐城嫡派”。后遭革职罢官，道光十一年（1831）回到广西，寓居桂林城南，先后任榕湖经舍、秀峰书院山长，尤以倡导古文为己任，于是广西学习古文渐成风气。后人将其与朱琦、龙启瑞、王拯、彭昱尧合称为“岭西五大家”，门下弟子13人中进士，著有《月沧文集》《月沧诗集》《月沧年谱》《月沧文钞》《初月楼古文绪论》等。

永福尚水老村与尚水下村（苏勇摄）

1. 永福尚水老村民居（周有光摄）

2. 永福尚水老村民居蜈蚣形山墙（周有光摄）

3. 永福尚水老村民居三阶马头墙（周有光摄）

4. 永福尚水老村巷道（周有光摄）

| | |
|---|---|
| 1 | 3 |
| 2 | 4 |

永福尚水老村（苏勇摄）

永福尚水老村民居大门（周有光摄）

永福尚水老村民居木窗装饰（周有光摄）

# 龙胜龙脊村

位于龙脊镇龙脊村委，包括廖家寨、侯家寨、平段和平寨等壮族村寨。龙脊建寨自元代始，村寨建在高山上，先民在山坡上筑埂开垦梯田，从山脚一直盘绕到山顶，绵延数里，高耸入云。

龙脊现存 7 处古民居群、5 座古凉亭、2 座古寨门、8 座古石桥、1 座风雨桥、3 处土地庙、8 通碑刻等物质文化遗产。民居依山而建，现存民居建筑年代自清代始，均为干栏式建筑，纯木结构。依托龙脊原生态的壮族村寨，2010 年建成了龙脊壮族生态博物馆，并被国家文物局命名为全国首批五个生态（社区）博物馆示范点之一。生态博物馆展示中心常设基本陈列“龙脊神韵，壮家风情”，全面展示龙脊壮族的生产生活情况以及独特神奇的民间习俗和民族文化。《三鱼共首图》石刻位于村中风雨桥的石条上，阳刻，刻于清道光二十年（1840）。据考证，从元代起壮族就陆续迁入龙胜境内，至明末清初，迁至龙脊一带的壮族以龙脊侯姓、平安廖姓、金竹潘姓三大姓为主。《三鱼共首图》石刻中三条鱼共一个头，代表当地壮族三个姓氏是同一祖先的三兄弟，象征团结同心、不畏强暴的民族精神。龙脊《三鱼共首图》石刻于 1973 年被公布为龙胜各族自治县文物保护单位。龙脊石刻和碑碣于 2017 年被公布为广西壮族自治区文物保护单位。

龙脊列入非物质文化遗产保护名录的有北壮服饰、北壮二声部民歌、龙脊水酒、龙脊梯田造田技术、龙脊稻作文化、壮族扁担舞、壮族干栏式建筑等。龙脊地区至今保存着以梯田景观为代表的山地农耕文化、以干栏民居为代表的建筑文化、以碑刻和石板路为代表的石制文化、以寨老制度为代表的民族自治制度文化、以“白衣”为代表的服饰文化、以“龙脊四宝”（龙脊水酒、龙脊辣椒、龙脊糯米、龙脊茶）为代表的饮食文化、以弯歌和铜鼓舞为代表的歌舞文化等。

村落所在的龙脊梯田景区为国家 AAAA 级旅游景区。梯田地处崇山峻岭深处，最高海拔 1 180 米，最低 380 米，垂直落差 800 米，从水流湍急的溪谷，到云雾缭绕的峰峦，形成了“小山如螺，大山如塔”的壮丽梯田景观。2006 年被文化部评为全国农业旅游示范点，2017 年入选全球重要农业文化遗产。

龙胜龙脊村（苏勇摄）

龙胜龙脊村民居（周有光摄）

龙胜龙脊村百年古民居（周有光摄）

1. 龙胜龙脊壮族生态博物馆（周有光摄）

2. 龙胜龙脊村《三鱼共首图》石刻（周有光摄）

3. 龙胜龙脊村石水缸（周有光摄）

1
2 | 3

# 龙胜金竹寨

位于龙脊镇金江村委，因寨前有一片金色的竹子而得名。金竹壮寨东临黄洛瑶寨，北靠龙脊古壮寨，南接白石村，是龙脊十三寨的“第一寨”，为龙胜龙脊景区的一个少数民族村寨。村民多为廖姓，壮族。据《金竹壮寨史记》记载，定居龙脊的廖登仁之孙廖斋的后裔于明万历年间（1573 ~ 1620）移居此地。民居依山而建，时代从清代延续至今，均为干栏式吊脚楼建筑，纯木结构，地基就地取材，使用片石干砌而成。村中巷道也使用青石板或片石铺设，古朴而典雅。金竹壮寨现存传统建筑集中成片分布，保存状况良好，周边环境优美，风貌协调统一，民风淳朴，民族特色浓郁。1992 年被联合国教科文组织誉为“壮寨的楷模”，2007 年被评为首批“中国景观村落”，2014 年被命名为首批“中国少数民族特色村寨”。金竹寨曾是影视剧《英雄虎胆》的拍摄地。2017 年 11 月 30 日，寨子发生火灾，烧毁部分民房。

1. 龙胜金竹寨寨门（周有光摄）

2. 龙胜金竹寨民居及石板路（周有光摄）

3. 龙胜金竹寨手工制品（周有光摄）

1 | 2/3

# 龙胜田寨组

位于龙脊镇马海村委，是龙脊十三寨之一。村民为世居壮族，均为蒙姓，先祖蒙公良于清代由广西庆远（今河池市宜州区）迁龙胜泗水三寨，再迁居到此，至今已延续十三代。

由于山坡多平地少，盛产杉木，因此当地的建筑以杉木作为建筑材料，民居依山而建，均为干栏式建筑。现存民居建筑从清代延续至今，村中巷道用片石或规整的长条石砌筑。村口设有寨门，从寨门沿溪流向下直走，有一座建于清代的风雨桥，曾是进出村寨的重要通道，村民称之“嫁女桥”，桥面铺设长形条石及石板，上面刻画几何图案，其中一块石板上镌刻“千秋永固”，落款“癸丑年……”村民世代务农，种植毛竹、水稻、辣椒，辣椒是该村重要的土特产品。2014 年 8 月 9 日（农历七月十四），龙胜各族自治县首届“龙脊辣椒节”即在龙脊镇马海村举办。

龙胜田寨组（苏勇摄）

龙胜田寨组风雨桥及石板路（周有光摄）

龙胜田寨组民居（周有光摄）

龙胜田寨组风雨桥头石板上的文字及刻画图案（周有光摄）

# 龙胜小寨屯

位于龙脊镇小寨村委，地处龙脊梯田景区东北面，是“金坑”四村中最大的一个寨子，为红瑶聚居地。几百年来，小寨人在此开垦梯田，繁衍生息。村民多为瑶族，潘姓。先祖原籍河南荥阳，因躲避战乱，历迁山东、江西、福建、广东、广西，明代迁徙至与小寨村一江之隔的大寨村，后由于人口增加，耕地不足，遂迁至今址。

小寨民居均为传统的干栏式建筑吊脚楼，由于地处山区坡地，土地资源紧张，同时为了防御的需要，小寨传统建筑空间布局小巧紧凑，变化多样，功能性强。现存吊脚楼从清代延续至今，民居依地势而建，层层叠叠，逐级抬高，建筑屋顶有悬山顶、歇山顶和庑殿顶多种形式。村中尚存木结构粮仓多座。村落周边梯田环绕，两条溪流从山上流下，贯穿全村。村中巷道就地取材，用片石或青石板铺设。

村民世代务农，主要农作物有水稻、辣椒和罗汉果。红瑶是瑶族的一个支系，因穿红色服装而得名。红瑶服饰制作的主要传统技艺有纺织、蜡染、刺绣三种，均为手工制作，为国家级非物质文化遗产。龙胜红瑶刺绣被称为“挑花”，以蓝布为底，用各色蚕丝线挑绣图案，绣时无须画图，依底布的纱路经纬线确定图案位置，然后用各色丝线绣出绚丽多姿的图案。每年农历六月六的晒衣节（也叫红衣节）是小寨村除了春节外最隆重的一个传统节日，这一天家家户户都包粽子，每家每户都把箱底的花衣、花裙拿出来晒，各家的晒排、走廊上一串串红红绿绿的衣裳鲜艳夺目，晒衣节也因此而得名。

近年来，村落依托自身优势资源条件，开展民族民俗特色旅游，吸引了众多中外游客到来。1994 年，中央电视台在小寨拍摄了电视纪录片《龙脊》，这部电视片在 1995 中国四川国际电视节获“金熊猫”大奖。2018 年 9 月 30 日，村落发生火灾，共烧毁民房 29 栋，为防止火灾蔓延，破拆民房 19 栋。

1. 龙胜小寨屯（苏勇摄）

2. 龙胜小寨屯民居（周有光摄）

3. 龙胜小寨屯梯田及民居（周有光摄）

1 | 2 / 3

龙胜小寨屯民居及石板路（周有光摄）

1. 龙胜小寨游客咨询服务中心（周有光摄）
2. 龙胜小寨屯红瑶长发表演（周有光摄）
3. 龙胜小寨屯红瑶刺绣（周有光摄）

1
2 | 3

## 龙胜甘塘屯

位于瓢里镇平岭村委，坐落在高山上，北面靠山，南面为山谷，面朝平等河。村落形成于清代，村民均为侗族，先祖于清朝时期从柳州三江侗族自治县迁徙到此定居。

甘塘屯分为上甘塘和下甘塘两部分，中间仅一条村道相隔。下甘塘传统建筑分布较为集中，保存相对较好。传统民居依山而建，高低错落，古民居与周边梯田相互融合，使村落形成与自然和谐统一的整体风貌。村中保存基本完整的传统建筑吊脚楼40座，从民国延续至今，各建筑之间以石板路相接。村中另有清代至民国年间的建筑遗存，包括门楼1座、凉亭1座、石板桥3座、古井3口、碑刻3通、土地庙4处。石板桥以整块巨型石板平铺，桥面雕刻各种图案。村中还有现代重建鼓楼1座，村旁有百年榕树、杉树共6株。

百家宴、六月六尝新节、芦笙舞、侗家三宝、侗家特色服饰等是侗族非物质文化遗产。“六月六，早禾熟”，侗家人在这一天，要把刚

成熟或接近成熟的谷物摘取下来，煮成新米饭，伴以鸡、鸭、鱼、肉供奉祖先，不忘恩德，取名“尝新节”。芦笙舞是一种侗族民间舞蹈，分祭祀性和娱乐性两大类，一般都在节日或集会中以竞技或献技的方式进行表演。

该村周围有大片的山林和梯田，宜农宜林，村民以种植粮食果蔬等农副产品为主要产业，包括种植水稻、柑橘、罗汉果、西红柿、萝卜、茄子、辣椒等，产品种类丰富，形成了一定的特色产业。

龙胜甘塘屯（苏勇摄）

1. 龙胜甘塘屯民居（周有光摄）

2. 龙胜甘塘屯干栏民居（周有光摄）

3. 龙胜甘塘屯石板桥（周有光摄）

1
2 | 3

# 龙胜江口屯

位于江底乡城岭村委，地处越城岭山脉腹地，与资源县两水苗族乡、河口瑶族乡、兴安县金石乡毗邻，城岭河绕村而过。村落形成于清代，村民为瑶族，系盘瑶聚居地，村民有赵、罗、李等姓氏。

传统民居建在山脚至半山腰，为干栏式建筑吊脚楼。建筑一般分为三层，大都为三进五间的穿斗式木结构，部分建筑依地形变化，平面呈不规则形状。屋顶采用悬山顶或歇山顶，盖小青瓦。建筑结构稳固，构造精细考究，屋顶歇山起翘，栏杆及门窗多有雕花。现存吊脚楼从民国延续至今，大多为20世纪七八十年代以后改建或新建，部分民居近年进行了改造装修，一层改用砖砌，部分屋面小青瓦改为树脂瓦。巷道多用石板砌筑，部分使用鹅卵石铺就。村落四周梯田环绕，千年红豆杉及数百年树龄的古枫树成为该村独特的风景。

瑶族服饰、盘王节、盘瑶庞桶药浴、打油茶、舞龙舞狮是该村重要的非物质文化遗产。

龙胜江口屯（苏勇摄）

龙胜江口屯干栏式民居（周有光摄）

# 龙胜矮岭红瑶组

位于江底乡建新村委，因背靠矮岭山、面朝矮岭河而得名。村落形成于清代，为红衣瑶族聚居地，村民为瑶族。

民居均为干栏式建筑吊脚楼，现存吊脚楼从民国延续至今。房屋顺应地形，依山而建，密密排排，层层叠叠，往往是前面房子的二层和后面房子的地面一样高，其间有一条窄而长的巷道。建筑以杉木为材料，纯木结构，盖小青瓦。村中现存风雨桥 1 座、古井 2 口、古碑 1 通、古树 3 株。为了改善山区群众的生产生活条件，降低连片木屋的火灾隐患，从 2005 年开始，矮岭村进行易地搬迁，如今多数村民已经从高山上搬迁到矮岭河沿岸居住，原址仅存数座吊脚楼以及大片片石砌筑的房屋基址。

民国二十三年（1934）12 月，红军长征经过此地，到才喜界观音寺看望起义失败在此避难的瑶寨村民，帮助他们重返家园。为感念红军，当地瑶族群众主动给红军带路，还编写了“朱毛过瑶山，官恨吾心欢”的诗句，分别镌刻在观音寺和矮岭寨附近的石壁上。

红瑶服饰制作的传统技艺有纺织、蜡染、刺绣三种，已列入非物质文化遗产名录。蓄留长发是红瑶民族的人生礼俗，长发伴随红瑶妇女一生，红瑶妇女视长发为珍宝，头发越多越长，寓意越富越贵。在矮岭每家每户的厨房都设有一扇特别的门，比一般的门要矮一半左右，村民们称为“矮门”，妇女生完孩子只能在厨房里坐月子，丈夫是不能从正门出入厨房的，必须通过矮门出入。

龙胜矮岭红瑶组（苏勇摄）

龙胜矮岭红瑶组河岸民居（周有光摄）

龙胜矮岭红瑶组房屋基址（周有光摄）

龙胜矮岭红瑶组民居“矮门”（周有光摄）

龙胜矮岭红瑶组民居过廊（周有光摄）

# 龙胜江门口屯

位于江底乡建新村委。村落建于清朝顺治年间（1644 ~ 1661），为盘瑶聚居地。村民由广东迁入，均为瑶族，盘姓。

民居依山而建，多位于山脚或低矮山坡，均为吊脚楼。现存吊脚楼从民国延续至今，大多为20世纪七八十年代以后改建或新建，部分民居近年进行了改造装修，一层改用砖砌，部分屋面小青瓦改为树脂瓦。村中尚存清代至民国时期的风雨桥2座、粮仓2座、水井1口、土地庙多处。

风雨桥又称廊桥、亭桥，就是在木悬臂梁式平桥上建造长廊，既可供行人遮风避雨，又可兼作寨门，还是村民休闲娱乐的场所。当地民俗，每逢盛节有外寨亲友来会，全寨人齐聚桥头，盛装出迎，唱拦路歌，敬迎客酒。

盘瑶妇女服饰的刺绣和编织，主要是配制牛角帽、衣边、袖口、裤脚和腰带。

每年农历十月十六日，村民都过盘王节，祭祀瑶族的祖先盘王，跳瑶族民间舞蹈《长鼓舞》。如今的盘王节还邀请周边的苗族、侗族、壮族和汉族群众参加，成了周边各兄弟民族的联谊会，各族男女青年也借此机会以歌传情，寻觅佳偶。村中还传承着独具民族特色的瑶族婚礼习俗。村民以种植罗汉果、百香果、辣椒、荔浦芋等为主要收入来源。

龙胜江门口屯（苏勇摄）

龙胜江门口屯民居及风雨桥（周有光摄）

# 龙胜金竹组

位于江底乡李江村委。村民均为瑶族，为盘瑶聚居地，多姓氏杂居，以邹、赵、马等姓氏为主。先祖于清代来此经商，发现满山竹林，资源丰富，适宜居住和生活，遂举家从湖南迁移到此定居。

村寨坐落在靠近山脚的低矮山坡，三面环山，李江河绕村而过，周边梯田层层叠叠，高低错落。民居建筑均为吊脚楼，从清代延续至今。民居依山而建，基础通常通过挖填部分土石方以形成房屋前、后部地基。吊脚楼侧面多有横屋，主要用来补充客房，使民居结构更为合理。窗户使用万字格窗花装饰是金竹瑶寨的一大特色。现存民居大多为 20 世纪七八十年代以后改建或新建。吊脚楼之间以石板路相连，进村道路已改为砂石路面或混凝土路面。该村尚存一座石板桥，建于清代，桥面用巨大的石板平铺而成。原有一座建于清代的木板桥，20 世纪 60 年代被大水冲毁，仅存巨石砌筑的桥墩，桥头尚存修桥碑记。村寨东南部有一处土地庙，建于民国时期，用来敬奉土地神，以保佑村寨风调雨顺，平平安安。

每年盘王节，村民举办“耍歌堂”仪式，载歌载舞。该村传承着盘瑶“贺郎歌”传统婚俗，青年男女结婚入洞房前，要请来歌师唱“贺郎歌”，恭贺新郎新娘喜结连理、早生贵子，祝福新婚夫妇相亲相爱、白头偕老。村民以种植杉木、竹子、罗汉果、百香果等为主要收入来源。

龙胜金竹组（苏勇摄）

龙胜金竹组民居及小河田园（周有光摄）

龙胜金竹组民居（周有光摄）

# 龙胜芙蓉村

位于马堤乡芙蓉村委，北与湖南城步苗族自治县五团镇接壤，地处湖南城步与广西龙胜之间的交通要道。村落地处峡谷地带，东、西、南三面群山环绕，南面为峡谷入口，中间为河谷，向北面延伸，芙蓉河穿村而过。村民均为苗族，原籍江西吉安泰和县，为躲避战乱，历迁湖南、广西，元末明初到此定居。该村姓氏庞杂，最早进入的是龙氏和李氏，之后其他姓氏相继进入。进入芙蓉村的各姓氏各自立寨，龙氏立下葫芦寨，李氏立下平子寨，黄氏立下山顶寨，钟氏立下钟鼓寨；至清代，形成了钟鼓寨、葫芦寨（后龙万福改为芙蓉寨）和山顶寨，称为芙蓉三寨。

龙、李、黄、陈、钟、阳氏的先人在村落东西两侧开垦了大片梯田，并修筑 32 条水坳。民居则多建在山脚较为平缓的坡地上，均为吊脚楼，从清代延续至今。吊脚楼之间以石板路相连。村中现存古井 1 口、古水车 1 架。村中建有休憩亭，亭柱雕刻龙形图案。村口建有新寨门，进村道路已改为混凝土路面。

农历五月十五大端午苗歌节，是芙蓉苗寨除了过年的又一重大节日。这天，苗民载歌载舞，开展山歌对唱、油茶竞赛、打泥脚表演等活动。苗族服饰样式繁多，银饰、苗绣、蜡染是其主要特色，已被列入国家级非物质文化遗产名录。

1. 龙胜芙蓉村（苏勇摄）
2. 龙胜芙蓉村民居（周有光摄）
3. 龙胜芙蓉苗寨寨门及湘桂桥（周有光摄）
4. 龙胜芙蓉村民居商铺（周有光摄）
5. 龙胜芙蓉村街道（周有光摄）

1
2 | 3 | 4 | 5

# 龙胜龙家村

位于马堤乡东北部龙家村委，原名龙家田。该村为苗族聚居地，村民多姓氏杂居，以银、李、杨姓为多。明朝时，其先祖为躲避战乱，由湘入桂，进入龙胜马堤乡，定居于此。村落地处海拔 1 000 余米的高山上，常年都笼罩在雨雾之中，仿佛有龙出没，故取名为龙家村。村落周边是原始森林，有众多国家保护的动植物资源，还有梯田、瀑布等景观。全村包括 6 个村民小组，分别为黄泥组、田边组、上寨组、包上组、义溪组、彭祖坪组。

民居依山而建，均为吊脚楼，平面布局多为“L”形或“凹”字形，每座吊脚楼之间以石板路相连，并保持一定的间距，整个村落布局显得较为疏朗。现存吊脚楼从清末延续至今。村中现存风雨桥 1 座、古碑 2 通、古井 1 口。风雨桥名为回龙桥，桥廊大梁上墨书“光绪五年”款，桥头立清光绪五年（1879）修桥功德碑。

村中流传的苗族根基歌是苗族的记事歌，一般在婚庆、寿宴上传唱，由主家聘请两位老歌师主持，歌唱苗家如何繁衍生息、劳作耕耘，以及教育后辈行善积德等内容。该村还传承着舞龙灯、打泥脚、跳香节等苗族传统习俗。据传彭祖好游名山大川，在多个地方生活过，龙胜龙家村彭祖坪就是其生活过的地方。

龙胜龙家村（苏勇摄）

龙胜龙家村（周有光摄）

龙胜龙家村干栏民居（周有光摄）

龙胜龙家村风雨桥（周有光摄）

# 龙胜民合屯

位于马堤乡南部民合村委，北与湖南城步苗族自治县五团镇接壤。村落建于清代，当时从北边来的客商，用马车拉运货物，经过黄岩桥，停留下来，长此以往，在此地逐渐形成村落。村民有汉、瑶、苗等民族，苏、侯、银等姓氏，大家同居一地，和睦共处，是为“民合”。

村中主道原为青石板铺设，以鹅卵石镶嵌成各种图案，道路两边是商铺建筑。现道路已改为混凝土路面，商铺也已不复存在。民居多为吊脚楼，分布于杀猪江东岸，由山脚向半山延伸，建筑依山而建，错落有致。屋顶除了少数用杉木皮盖，大多盖小青瓦。纯木结构，部分窗户雕饰窗花。现存吊脚楼从清末延续至今。

村庄南边鸣河寨小溪上，有一单拱石桥，建于清乾隆三十年（1765），因桥旁有黄色岩石而得名黄岩桥，是清至民国龙胜通往湖南的必经之路。桥长 20.6 米，宽 4.5 米，桥拱跨度为 10.6 米，桥面至河床 9.9 米。桥旁原有《黄岩桥碑记》，现移至马堤乡政府内存放。黄岩桥于 2005 年被公布为龙胜各族自治县文物保护单位。

村内红瑶的打旗公传统民俗活动，自清代光绪年间开始流传，每年的农历五月十四日为活动日，原是一项祭祀祖先、禳灾祈福的民俗，现已发展为瑶族人民独具特色的传统体育运动。农历六月初六是红瑶祭祀祖先的节日，农历四月初八则是苗族群众给牛过生日。

龙胜民合屯（苏勇摄）

龙胜民合屯村口凉亭（周有光摄）

龙胜民合屯民居内景（周有光摄）

# 龙胜老寨屯

位于伟江乡新寨村委。村落形成于清代，村民均为苗族，有蒙、蓝、杨等姓氏。明末清初，村民先祖来到该地，发现该地有山有水，风景秀丽，雨量充沛，气候宜人，适合种植水稻以及油茶所需材料，遂携带家人在此定居，形成村落。

传统民居依山而建，均为干栏式建筑吊脚楼，沿上山进村主干道两侧布局，集中成片分布。现存吊脚楼时代从清末至民国一直延续到现在。村中道路多是就地取材，使用片石或青石板铺设，部分道路已改为混凝土路面。泉水从山上流下来，形成两条溪流流经村寨，供村民生产生活之用。村落周边，梯田环绕。村中现存清代的石质水缸和石质碓臼等历史遗存，另有千年红豆杉等古树 12 株。

非物质文化遗产有打油茶、耍龙灯、跳香节、“六月六”祭祀节、尝新节、苗族酒歌等。“跳香”是苗族人民祭祀神灵、祈求神灵保佑、庆祝丰收的祭祀活动，祭祀的神灵都以五谷神为主，有时还祭祀梅山神（狩猎神），活动的主要内容是唱“保山歌”和跳“跳香舞”。“跳香舞”是模仿农事动作，把砍畲、烧地、挖地、播种、扯草、中耕、收割等农事，由一巫师以舞蹈形式再现出来，并用锣鼓伴奏。

龙胜老寨屯（苏勇摄）

龙胜老寨屯民居及凉亭（周有光摄）

龙胜老寨屯民居及石板台阶（周有光摄）

# 龙胜田段组

位于平等镇小江村委。村落形成于清代，原为瑶寨。明末清初，军阀周保成主张兴汉灭瑶，带兵由湖南到广西，将小江一带的瑶族人赶走，后来各地各族的人不断迁移至此，形成了以侗族为主，侗族、苗族、汉族等多民族聚居的村落，村民有陈、吴、伍、石等姓。

民居建筑依山而建，均为干栏式建筑吊脚楼，大多建在靠近山脚处，现存吊脚楼从清末延续至今。侗族吊脚楼一般有三层，其中二层楼上的宽廊是侗族民居内部的重要空间，在宽廊内往往放置着供妇女劳作的纺纱机、织布机之类的工具，宽廊一端与楼梯相连，另一端与火塘、寝室等相通。侗族往往是一个大家庭共居一幢大木屋，兄弟之间各自结婚组成家庭后，有分家不分房的习俗，几个小家庭共同居住在同一幢木屋内，宽廊就成为几个小家庭不分彼此的公共空间。侗族民居外形多为上大下小，第二层在第一层的基础上外挑，第三层又在第二层的基础上外挑，形成上大下小的倒金字塔形。该村尚存两座三合院式干栏民居建筑，独具特色。

小江风雨桥建于清代，原名为花桥，红军长征经过此桥后更名为红军桥。民国二十三年（1934）12 月，红军长征途经龙胜小江、城田、太平、平熬一带，有 45 位红军战士遭杀害，遗骸为当地群众掩埋。2007 年 5 月，中共龙胜各族自治县委员会、县人民政府将烈士遗骨集中安葬于该村东北，建墓立碑。民国三十八年（1949）9 月 5 日，中国共产党党员雷剑、田季文和进步人士蒙政宪在此发动领导“小江起义”。

村中现存红豆杉、杉树、枫树等古树多株。

1. 龙胜田段组（苏勇摄）

2. 龙胜田段组民居（周有光摄）

3. 龙胜田段组三合院民居（周有光摄）

1
2 | 3

# 龙胜龙坪村

位于平等镇，地处湘桂黔三省交界，小江河与蒙洞河在此交汇。村落形成于明代，先祖为逃避战乱从江西迁至此地定居。村民以侗族为主，多为杨、吴、伍三姓。明洪武年间（1368 ~ 1398），侗王吴勉来到平等侗区讲款故事，指龙坪为“群龙聚首”之地。侗族巾帼英雄盛仪带领当地的少数民族反抗暴政，兵败被害，当地居民每年农历六月十五日都要纪念她。

传统民居均为吊脚楼，现存吊脚楼从民国延续至今。2004 年，该村发生严重火灾，烧毁 50 余座木结构民居建筑。村内现存鼓楼 5 座、风雨桥 4 座、古井 3 口，另有石板路和碑刻等清代历史遗存。村中主干道石板路宽达 2 米，由 3 道青石板并排铺砌而成。

红军军委旧址为一座三间五柱木结构的侗族民居，民国二十三年（1934）12 月 10 日，中革军委第一纵队在长征途中翻越鸡心界，经太平、平熬进至龙坪寨，当夜在寨中宿营，军委设此民居中。红军军委旧址于 1973 年被公布为龙胜各族自治县文物保护单位。

红军楼原名杨氏鼓楼，始建于清嘉庆四年（1799）。坐北朝南，建筑面积 100 平方米，进深 10 米，楼高 10 米，十六柱五重檐四角攒尖顶，楼分两层，下层为上、下寨往来通道，是典型的桂北侗族过街鼓楼。1934 年 12 月，红军进入越城岭山区后，国民党桂系当局为离间少数民族与红军的关系，在红军经过的地域沿途纵火，如 12 月 2 日在马岭、枫木、粟家寨纵火，7 日在泥塘纵火，8 日在尖顶寨纵火，并散布“红军杀人放火”的谣言。其中，尤以在龙坪纵火最严重。12 月 10 日，军委第一、第二纵队分别到达龙坪、广南一带宿营。当晚 10 点多钟，龙坪上寨几处地方突然同时起火，宿营的红军战士纷纷冲出民房，有些弹药来不及带出来，被烈火烧炸。后在周恩来等红军首长的指挥下，红军战士奋力扑灭了大火，抢救了杨氏鼓楼和鼓楼以南下寨的100余座民房，并抓获了两名纵火的特务。第二天，红军召开大会，公审并枪决了两名特务，同时给在火灾中受害的群众发放了救济光洋。侗族人民为感谢红军的恩情，将杨氏鼓楼改名为红军楼。红军楼于1981年被公布为广西壮族自治区文物保护单位，2019年被公布为全国重点文物保护单位。

审敌堂原名飞山庙，建于清代，是一座砖木结构的四合院式建筑，坐东朝西，三开间，

龙胜龙坪村（苏勇摄）

宽 12 米，进深 14 米，东面为正殿，西边有戏台。1934 年 12 月 11 日，红军在庙内召开群众大会，对在 10 日夜纵火烧寨的特务进行了公审，并处以枪决。中华人民共和国成立后，飞山庙改称为审敌堂。审敌堂于 1973 年被公布为龙胜各族自治县文物保护单位，2017 年被公布为广西壮族自治区文物保护单位，2019 年被公布为全国重点文物保护单位。

此外，每年农历正月初八，该村村民都要举办织布节及祭萨民俗活动。

1. 龙胜龙坪村风雨桥（周有光摄）

2. 龙胜龙坪村红军楼（周有光摄）

3. 龙胜龙坪村红军楼梁架及制作匠人名（周有光摄）

4. 龙胜龙坪村红军楼梁架及制作年款（周有光摄）

1 2 3 4

红军楼
广西壮族自治区重点文物保护单位
红军楼
广西壮族自治区人民政府

風調雨順國泰民安

龙胜龙坪村审敌堂（周有光摄）

龙胜龙坪村审敌堂内景（周有光摄）

# 龙胜平等村

位于平等镇，为镇政府所在地。始建于唐代，相传此地原是一片荆棘丛生的大坪，李太田、李太宝兄弟从寨江过河来打猎，发现两处泉水，于是在此建寨，名为坪登，民国元年（1912）更名为平等。村民以侗族为主，据当地流传《祖先入村》款词中关于宋天圣二年（1024）“平邓银千、银万入寨头，满宗入寨中，乔富入寨尾”的记载，可知在北宋时期，平邓（平等）已成侗寨。随着之后各姓氏人群的不断迁入，平等成为一个多姓家族杂居的侗族村寨。现仅平等一个村，就有王、伍、罗、吴、石、陈、胡、杨八个大姓。为便于同姓家族聚会议事和节庆活动，各姓氏在其聚居地的中心位置均建有各自的鼓楼，有些人口众多的姓氏还建有多座，由此形成了一寨多楼的鼓楼群。平等村现存 13 座鼓楼，分别为伍氏鼓楼、陈氏戏台鼓楼、吴氏鼓楼、衙寨胡氏鼓楼、罗氏鼓楼、石氏过街鼓楼、寨官杨氏鼓楼、衙寨小鼓楼、寨官吴氏鼓楼、杨氏鼓楼、松树坳雅方鼓楼、松树坳鼓楼、寨江鼓楼。平等鼓楼群于 1994 年被公布为广西壮族自治区文物保护单位。

平等民居建筑均为干栏式建筑吊脚楼，从民国延续至今。民国二十三年（1934）十二月九日，红军长征途经平等，红一军团政治部设在一座建于清光绪二十八年（1902）的侗族民居内，该旧址于 1973 年被公布为龙胜各族自治县文物保护单位。

孟滩风雨桥位于平等村南的回龙江上，为两墩三孔双向伸臂木梁廊桥，始建于清光绪三年（1877），民国十七年（1928）重修跨河桥身部分，民国二十二年（1933）补建两头岸上桥亭。桥通长 63.2 米，宽 4.1 米，高 9.1 米。有桥廊 22 间，设桥栏和坐凳。桥亭 4 座，中间 2 座桥亭为三层重檐四角攒尖顶，亭内设有神位，供奉关公、周仓、关平等；两端桥亭第一、第二层檐为四角、第三层檐为六角攒尖顶。整桥设计科学，造型美观，是侗族地区比较典型的大型风雨桥。1934年12月，中央红军长征过龙胜平等时曾在此宿营并通过该桥。1949年4月，中共龙胜支部决定在北区首先起义。5月7日晚，中共龙胜支部在孟滩风雨桥上召开大会，宣布龙胜游击队成立，游击队随即向平等寨发起进攻，抓获了县参议员吴钟等头目，并处决了吴钟。从此，平等寨成为游击队根据地的中心，为龙胜东北解放区人民政府驻地。孟滩风雨桥于1973年被公布为龙胜各族自治县文物保护单位，2017年被公布为广西壮族自治区文物保护单位。

龙胜平等村（苏勇摄）

龙胜平等村蒙滩风雨桥（周有光摄）

龙胜平等村石氏过街鼓楼（周有光摄）

龙胜平等村吴氏鼓楼（周有光摄）

# 龙胜宝赠村

位于乐江乡宝赠村委。村民主要为侗族。古时被称为“金盆地”的宝赠由八九个寨子组成，但大多时候是指上寨、普团和江坪三个寨子。三个寨子咫尺相望，成鼎足之势，共同组成一个侗族村落。据传说，村民先祖为躲避战乱，于元末明初从江西迁徙，经湖南到贵州，最后在上寨定居，再发展到普团和江坪。

民居建筑均为干栏式建筑吊脚楼，从清代延续至今。现存有鼓楼、风雨桥、祠堂、寨门、井亭、石板路等清代建筑遗存，另有明代至民国村规民约、功德碑石刻 17 件。

上寨鼓楼建于清嘉庆十七年（1812），为三重檐攒尖顶过街鼓楼，楼高 8 米，宽 6.65 米，进深 6.65 米。一、二层为四角四坡重檐，顶层为六角攒尖顶，葫芦形宝顶。一楼为过街巷，二楼四周置有木板坐凳，为侗族村民聚会议事和举行节庆活动的场所，花窗饰有精致的透雕图案。普团鼓楼建于同治六年（1867），为十六柱五层攒尖顶过街式鼓楼，高 10 米，面积 49 平方米。一、二、三、四层为四角重檐，第五层为六角攒尖顶，葫芦形宝顶。各层飞檐高翘，造型雄伟壮观，穿枋刻有龙凤花纹图案，工艺精巧。两座鼓楼于 1999 年分别被公布为龙胜各族自治县文物保护单位。

宝赠是龙胜最具代表性的侗族村寨之一，其建筑风格和民俗风情独具特色，已被列为少数民族特色村寨示范点。

村中传承着侗族大歌以及侗族多耶舞、芦笙舞等非物质文化遗产。宝赠上寨把每年农历二月第一个卯日定为祭萨节，这是当地除了春节之外最为隆重的节日。祭萨是侗族地区的一项祭祖活动，主要流传于龙胜各族自治县的乐江乡、平等镇、瓢里镇的侗族各村寨当中。萨在侗语中是祖母的意思，萨玛意为大祖母。萨是侗族共同的始祖母，有多重身份，既是劳动神、歌神，又是创世神。萨的生日，是每年农历二月第一个卯日，因此便成为侗族祖母神的大祭日。宝赠村是龙胜侗族祭萨的代表性传承地，祭萨场地叫“萨坛”，它是垒砌在露天、用木栅围起来不让人畜踩踏的圆土堆。萨坛没有金身塑像，只立有神位，插一把纸伞，种一棵常青树，简约朴素，充满象征意义。坛的下面埋有铁锅、铁铸三脚等萨（妇女）所用的炊具，神位前还供着一双草鞋，体现了萨神平民化的属性。祭萨的那一天，铁炮隆隆，笙歌阵阵，身着民族盛装的男男女女争相给萨上香烧纸，许下各自的心愿。

龙胜宝赠村（苏勇摄）

龙胜宝赠侗寨寨门（周有光摄）

龙胜宝赠村民居及祭萨场所“萨坛”（周有光摄）

龙胜宝赠村上寨鼓楼（周有光摄）

龙胜宝赠村普团鼓楼（周有光摄）

# 龙胜地灵村

位于乐江乡地灵村委。村民主要为侗族，为多姓氏杂居的村落，现主要有吴、粟、杨等姓氏。据地灵村先祖入村款词记载，北宋天圣二年（1024），先祖侯通成、荣相人迁入地灵八甲；天圣十年（1032），又有侯东子、文定艮、王宗神从贵州龙独管东经芙蓉、临口、下乡、竹塘来此。

民居建筑均为干栏式建筑吊脚楼，集中成片分布，规模较大，从清末延续至今。现存有鼓楼、戏台、凉亭、风雨桥、石板桥等特色民族建筑。上寨鼓楼、中寨鼓楼、下寨鼓楼、横楼鼓楼均建于清嘉庆年间，上寨戏台、下寨戏台均建于清代。地灵风雨桥始建于清光绪十二年（1886），原名龙灵桥，又称福桥，通长 38.1 米，宽 3.2 米，总高 9.1 米。有桥廊 14 间，桥亭 3 座，均为三层重檐，硬山顶、歇山顶相结合。桥廊两边均设有栏杆坐凳，两个中亭设有神位，供祭关公、周仓、关平等护桥神。该桥集交通、娱乐、议事、祭祀等多功能于一身，是寨中仅次于鼓楼的标志性建筑，1999 年被公布为龙胜各族自治县文物保护单位。地灵埠口桥位于地灵村旁的地灵河上，始建于清，为平板石梁桥，于 2005 年被公布为龙胜各族自治县文物保护单位。

地灵村已被列入少数民族特色村寨示范点，主要地方特产为红糯、辣椒。“百家宴”又称“长桌宴”，是该村侗族村民聚会宴饮、招待宾朋、集体议事的重要活动。每年农历六月二十三日，地灵侗族的“百家宴”就在地灵风雨桥举行。

“闹春牛舞”是侗族村民重要的文化活动，具有浓厚的地方特色和乡土气息。侗族是一个以水稻种植为主的民族，耕牛是侗家的宝贝，立春闹春牛，表达了人们祈盼风调雨顺、五谷丰登的美好心愿。春牛制作方法，既有在侗族特有的竹篓上捆扎酷似水牛角的两把竹

龙胜地灵村地灵风雨桥（周有光摄）

龙胜地灵村埠口桥（周有光摄）

龙胜地灵村鼓楼戏台（周有光摄）

龙胜地灵村民居及鼓楼（周有光摄）

# 龙胜泥寨组、岩寨组

位于乐江乡石甲村委。先祖原籍山东青州，明朝末年，因反抗朝廷失败，被迫逃离家乡，迁徙至此。该村是传统的侗族村寨，村民主要为侗族，多为粟姓。

民居建筑为典型的侗族建筑吊脚楼，依山而建，分散布局在两边山间或坡地上，现存吊脚楼从清末延续至今。现存有鼓楼、戏台、浮桥、水井、石板路等清代至民国建筑遗存，鼓楼大梁上有墨书“民国三十五年”款。

该村侗族村民传承着芦笙舞、闹春牛、百家宴、舞龙灯等民俗活动，另有侗族服饰文化、“侗家三宝”饮食文化，具有浓厚的地方特点、民族特色和乡土气息。

“侗家三宝”是侗族传统名菜。“三宝”，是指酸鱼、酸鸭、酸肉。侗族最大的饮食特色是“侗不离酸”，而酸鱼、酸鸭、酸肉又是侗族酸菜系列中的精品，因此被誉为“侗家三宝”，是侗家酒席上必不可少的佳品，也是接待贵宾客人的佳肴。食材选择颇为讲究，肉需选用当地养了一年左右的土猪肉，鸭子和鱼也需选用当地的土养谷鸭和河鱼。腌制方法：煮一锅糯米饭，用糯米酒糟拌匀，待用；将肉材洗净，搓盐，充分入味。然后将备好的糯米饭均匀涂抹在肉上，接着将鱼、鸭、猪肉放到坛里，层层码平、压实，坛口再封一层糯饭，封盖严实，放置阴凉处。通常腌制一个月后便可以开坛食用。腌的时间越长，味道越好。2008 年，“侗家三宝”入选桂林市级非物质文化遗产代表性项目保护名录。

1. 龙胜泥寨组岩寨组（苏勇摄）

2. 龙胜泥寨组岩寨组民居（周有光摄）

3. 龙胜泥寨组岩寨组便民候车凉亭（周有光摄）

# 龙胜西腰大屯

位于乐江乡西腰村委，地处龙胜西北部，与湖南通道侗族自治县交界。该村历史上一段时间属于广西，另一段时间又属于湖南，多有反复。村落四面环山，寨子建于山中盆地，一条小河穿寨而过。村民主要为侗族，为多姓氏杂居的村落，村民以杨、蒙、吴等姓氏为多。先祖见此地依山傍水，土地肥沃，于清代迁徙至此。因地处偏僻、闭塞的地理交通环境，村落文化带有浓厚的地方特色和一定程度上的原始色彩。

该村是传统的侗族村寨，民居建筑为典型的侗族建筑吊脚楼，其他建筑遗存有鼓楼、风雨桥和水井等。除了屋面使用小青瓦，其他建筑材料均为当地盛产的杉木和石材。1982 年该村发生严重火灾，现存民居等建筑多为灾后改建或新建。

该村侗族村民传承着芦笙舞、闹春牛、百家宴等民俗活动，另有侗族服饰文化、“侗家三宝”饮食文化，具有浓厚的地方特点、民族特色和乡土气息。

芦笙舞是侗族人在节日和祭祖时的一种重要仪式活动。芦笙舞分娱乐性和表演性两种，娱乐性的芦笙舞多在茶余饭后进行，芦笙手们手拿芦笙围成一圈，边吹边跳，

自娱自乐。表演性的芦笙舞更为热烈，芦笙手围成圆圈吹奏，村民层层相围，伴着芦笙节奏迈着芦笙舞步上身自然摆动，不时变换各种舞姿，芦笙手们则蹲转跳跃，时仰时伏。月耶，是侗族各寨青年进行交流的一种活动，月耶时青年男女身着节日盛装跳芦笙舞，男青年边吹边舞，女青年则手握花伞伴着芦笙起舞，舞者不时变化队形，或方或圆，进出穿插，交错有序，配合默契。

龙胜西腰大屯（苏勇摄）

龙胜西腰大屯风雨桥（周有光摄）

龙胜西腰大屯戏台（周有光摄）

# 龙胜广南村

位于平等镇南部，地处龙胜西北部。村落周边青山环抱，平等河从村旁流过，长冲河穿村而过，把村落一分为二，村落与周边自然环境融为一体，形成一道亮丽的风景线。全村村民 90% 以上为侗族，另有少部分为瑶族。村民有吴、蒙、王、杨、石、胡等姓氏。据村中近年所立《吴氏志》碑刻：1048 年，今贵州省黎平县尚重镇西迷村一带的吴曹系、吴万系兄弟带领族人从山上追赶一只鹿，从湖南通道边界进入今广西境内，追到广南地段时，发现这里地势平坦，土地肥沃，林木茂密，水源丰富，是块宜人居住的风水宝地，于是商议决定搬迁至此建村立寨。因沙丘上楠木成林，侗语意译为“宽宽他梅楠”，简称“宽楠”，后演变为“广南”。1348 年，蒙氏先祖从湖南挑着担子到广西做买卖生意，路经广南，被这里美丽的田园风光吸引，加之受到吴氏族人的热情款待而流连忘返，遂决定在这里定居。吴氏族人慷慨允诺，还拜为兄弟，传为佳话。

民国二十三年（1934），红军长征经过龙胜，曾在该村驻扎。村落当时发生火灾，民居多被烧毁。现存传统民居吊脚楼多为灾后重建。广南鼓楼地处村落中心，为近年新建，是龙胜最高的鼓楼之一。

广南石碲位于村内长冲河中，河水自东向西流过，石碲呈南北走向略带弧形连接村落的两个寨子。石碲始建年代无考，据传建于明末清初，沿用至今。石碲是由埋于河道中的大型石墩组成的过河道路，总长约 32.5 米，由 55 块石碲组成，呈弧形纵列，石碲间以镶嵌的扁平石板相连，两石碲面各凿有凹槽，石板则开有榫头正好放于凹槽内。石碲两岸有青石台阶通往村内。



村后长冲河上游有一座风雨桥，原名兴坡桥，始建于清嘉庆四年（1799），1999 年重

修后改名为兴隆桥。该桥为一墩两孔悬臂托架简支梁廊桥，长 37.9 米，宽 3.85 米，高 8.3 米。有桥廊 11 间，桥亭 3 座，桥中亭为两层重檐，两头桥亭为三层重檐歇山顶，飞檐翘脚，桥廊两边设有栏杆坐凳，中亭设有神位，供奉关公、周仓、关平等护桥神。桥墩用方形条石干砌而成，上下游成尖形，迎水角 68 度，墩高 3.4 米。

村中还保存有建于民国二十二年（1933）的基督教礼拜建筑福音堂，为广南人石声和临桂区两江谢东友等集资修建。石声，又名石金刚，曾于民国十三年（1924）、民国十五年（1926）两次赴桂林圣经学校学习，毕业后在福音堂执教。民国三十三年（1944）美国牧师色厚清、沈多玲女士两次到此传教。该福音堂是龙胜各族自治县境内唯一的外国教会堂，建筑平面呈正方形，三开间两层木结构，进深 12 米，高 9 米，小青瓦顶。

该村民族文化活动活跃，全村有十余支业余文艺队，逢年过节开展各种文艺演出活动，有侗族大歌、琵琶歌、多耶、打糍粑、剪糯禾等，村里每年还举办鼓楼文化节。每逢重要节庆活动，周边村寨的侗族群众都前来聚集，大家载歌载舞，行百家宴（长桌宴），把酒言欢，庆贺丰收。此外，广南艺人独创的草狮、草龙，造型美观，工艺精巧。2007 年，广南村被国家民委评为“国家级民族文化工作联系点”。

龙胜广南村（苏勇摄）

龙胜广南村兴坡风雨桥（周有光摄）

龙胜广南村民居小河（周有光摄）

龙胜广南村广南石硌（周有光摄）

龙胜广南村鼓楼（周有光摄）

龙胜广南村民居戏台鼓楼（周有光摄）

龙胜广南村村民给稻子脱粒（周有光摄）

龙胜广南村村民在鼓楼开展人口普查和娱乐活动（周有光摄）

龙胜广南村广南福音堂（周有光摄）

# 龙胜白面组

位于龙胜东部的泗水乡周家村，地处龙胜、资源、兴安三县交界山岭的半山坡上，龙胜至资源公路从村前山脚经过，四周群山高耸，清澈的浔江从山脚流过。村落不远即是龙胜矮岭温泉和国家森林公园，依山傍水，山清水秀，环境优美，生态宜人。因 97% 的村民为红瑶，因而又称为白面红瑶寨。红瑶因其妇女服饰各色花纹图案相间且以大红色为主色而得名。据传早在宋代，此地就有红瑶先民居住生活。村民有龙、黄、余、钱等姓氏，以龙姓为多。龙姓祖居湖南，后迁临桂中庸下峰山（合峰村），清前期迁此立寨。寨名原为“蓬面”，1949 年后改为“北面”，2014 年被国家民族委员会评为少数民族特色村落后改为“白面”。

村落传统民居均为干栏建筑吊脚楼，上山进村道路及村内巷道均是就地取材用片石板铺设。村中现存古井一口，井上建有四角重檐井亭。巷道旁立有清乾隆五十七年《奉府示禁》碑、清光绪元年《永远禁止》碑各一通。上山小路旁，有一长约 10 米的狭长巨石，自山腰间凌空探出，形如传说中的龙舌，故得名龙舌岩。岩下有小坪，可容十余人。

民国二十二年（1933），桂北五县瑶民起义遭国民党桂系军阀镇压。红军长征进入桂北了解到瑶民起义的情况后，坚决支持少数民族争取自身解放的革命斗争，并一路慰问和鼓励起义受挫的瑶胞。红三军团第四师越过才喜界抵达龙胜江底矮岭寨后，由瑶族群众杨进芳带路，12 月 6 日到达白面瑶寨时，发现龙舌岩下躲藏着冯书林、杨进等五位瑶民起义头领。师首长得知这一情况后，即派人前往龙舌岩看望和慰问。在岩下小坪上，红军首长与他们座谈，向他们宣讲革命道理，鼓励他们不要惧怕敌人，支持他们发动群众坚持斗争。红军还送给他们一些衣服和武器，并在岩壁上题写了“红军绝对保护瑶民”“继续斗争，再

寻光明”，落款“红三宣”。事后，瑶族同胞依照原笔迹刻字于石上。为纪念这次具有革命意义的会见，当地瑶胞即把“龙舌岩”改名为“光明岩”，又称“红军岩”。红军岩于1973年被公布为龙胜各族自治县文物保护单位，2017年被公布为广西壮族自治区文物保护单位。

白面瑶寨民风古朴，红瑶服饰、长发装束、寨规、图腾、油茶山歌等民族民俗文化在这里得以传承，传统节日有红衣节、耕牛节、尝新节、盘王节等。红瑶传统手工有织布、蜡染、挑花、刺绣、编制、打首饰、造纸、酿酒、木作、雕刻等。农历三月十五红衣节，红瑶群众晒红衣，赶会期，开展各种物资交流和社会活动。农历四月初八，这一天不能役使耕牛，要用嫩草叶包黑糯米饭喂牛。农历六月初六尝新节，家家包粽粑，寨子杀猪祭庙神，各户杀鸭供田神。二月、五月、六月、八月的社日为盘王节，每十年还一次大愿，大家做粑粑、杀鸡、磨豆腐，请道士烧香送鬼，祈求人丁兴旺、生产丰收，晚上对唱山歌。此外，红瑶地区较大的寨子，都有以寨子为单位的寨老组织，寨老又称头人，为一寨之主。寨老组织在长期的社会活动和生产实践中，逐渐形成自己的习惯法。

近年来，白面瑶寨依托自身资源条件开发旅游，在红军岩旁边修建红岩亭，在上山石板路上修建鼓长亭，寨口建造寨门，村内建有白面瑶寨博物馆和特色民宿。2018年7月31日村落发生火灾，烧毁吊脚楼21座，为防止火灾蔓延，破拆吊脚楼4座。近两年在各级政府的支持下，村民开展灾后重建。为提高防火性能，新建建筑改为砖混结构，仍采用坡屋顶盖小青瓦，外立面用木板装修，外观风貌与原有传统民居协调一致。

龙胜白面组（苏勇摄）

龙胜白面组歇山屋顶民居（周有光摄）

1. 龙胜白面组吊脚楼（周有光摄）

2. 龙胜白面组红岩亭（周有光摄）

3. 龙胜白面组鼓长亭（周有光摄）

4. 龙胜白面组石板路（周有光摄）

1 | 3
2 | 4

编弯形镰刀，再用纸裱好后画上眼、鼻、嘴而成的春牛，也有专门用竹篾编扎牛头牛身，在牛身上蒙上深灰色布毯的春牛。闹春牛有两大内容：一是在立春前夜，舞春牛的队伍舞着春牛到各家各户送福，各家各户也按习俗赠给春牛红包或糖果、糯米粑等食物，还一起敲击盆、钵等器具为春牛舞伴奏；二是舞春牛队伍给寨中各户送去祝福后，在众人的簇拥

龙胜地灵村（苏勇摄）

下一齐到寨中宽敞的岩坪“闹春牛”，在热闹的锣鼓、吹打乐伴奏下，扮春牛的人模仿着耕牛的各种神态和习性舞动，边舞还边与村民逗趣嬉戏，其他村民有的跟在春牛后面表演割草喂牛、给牛洗澡、赶牛虻等动作，有的模拟犁田、耙田等春耕春种动作。与此同时，人们还用四季农时知识来对白或盘歌，进行互动。

龙胜白面瑶寨博物馆（周有光摄）

龙胜白面组村民唱山歌迎接客人（周有光摄）

# 资源社水村

位于资源县西南部的两水苗族乡，为乡政府所在地，地处华南之巅的猫儿山脚下，三面环山，浔江从村中流过。据传，先祖从江西鹅颈大丘迁湖南城步，再从城步迁此立寨，至今已有600余年。时有阳、杨、潘、李四姓弟兄，均为苗族，因此该村属典型的苗族聚居村寨。

寨内传统民居多为干栏式建筑吊脚楼，或沿江边而建，或依山势而建，层层叠叠，错落有致。现存传统民居约90座，最早的建于清代乾隆年间，大部分为民国时期所建。民居均为就地取材修建而成，纯木结构，小青瓦，花格窗，檐廊悬空，木栏扶手。寨中有传统风雨桥2座，现代混凝土基础风雨桥1座。达民风雨桥又名大门桥、达文桥，位于社水村社水河上，长19.6米，宽4.2米。桥廊高4.2米，单檐歇山顶，三进七开间。桥廊两侧设置坐凳和栅栏，桥中部一侧原设有神龛。桥墩一个，不设于桥中央，由不规整条石构筑，迎水面呈分水尖。桥两端毗邻村舍，四周林木茂盛，桥下河水清澈，风景秀丽，有一种“小桥流水人家”的意境。达民风雨桥始建年代不详，民国元年（1912）进行过修缮。达民风雨桥于2005年被公布为资源县文物保护单位，2017年被公布为广西壮族自治区文物保护单位。寨子中心横跨社水河有一渡槽，为1973年修建电厂时修筑，一面书写“愚公移山改造中国”，另一面书写“提高警惕保卫祖国”。村中原有祠堂和五谷庙，现已不存。

民国二十三年（1934）12月，红军长征经过老山界下的资源县浔源乡（今两水苗族乡）社水村中的达民风雨桥，裴秀英和唐二妹、李戊秀三位姑娘，一边给过往红军烧茶，一边到河里提水淋在桥面上；裴秀英将家里的一坛酸菜送给红军。当时有的人家“躲兵”走得匆忙，河边水碓里的米来不及收，红军吃了，便将光洋放到碓坑里。红军还在桥上向老百姓宣讲穷人为什么穷、富人为什么富、穷人要起来闹革命的道理。当地群众遂将该桥称为红军桥。

社水苗寨依山傍水，不仅有秀美的自然景观，还有浓郁的民俗风情和独特的苗族文化。苗族语言、服饰、民风民俗、民间艺术、传统节庆源远流长。寨内中年以上男子多以青布包头，着青布、蓝布对襟便装、大板裤；中年以上妇女多用勒头巾扎头，着无领长袖斜开襟上装，戴耳环、银手镯。当地流传的苗族传统民歌有山歌、花歌、贺郎歌、拜香歌等，民族舞蹈有飞哈舞、砍山舞等。每逢重要节日，村民们都要举行舞龙舞狮、文艺表演等文体活动。每年农历十月初十为社水罢果节，村民们都要杀猪宰羊，跳苗族飞哈舞，庆祝丰收。

资源社水村（苏勇摄）

资源社水村旅游服务中心（周有光摄）

资源社水村达文风雨桥（周有光摄）

资源社水寨门楼风雨桥（周有光摄）

1
2 | 3

资源社水村浔源风雨桥（周有光摄）

资源社水村渡槽（周有光摄）

资源社水村民宿（周有光摄）

资源社水村民居修缮（周有光摄）